外国人材が中小企業を救う

米山伸郎 著

晃洋書房

発刊に寄せて

ミッキー・カンター　元通商代表・商務長官（クリントン政権時）

グローバル化した経済環境において勝ち残ろうとする企業は、その企業内のいずれの階層においても外国人をリクルートし、教育・訓練を施していく必要がある。

日本企業が日本語を含めた複数の言語を操りかつ日本のビジネスを行う知識と日本の文化を理解した優秀な外国人人材を探し出し、惹きつけることはなかなか難しいであろう。

特に難しいのは研修であり、現実的な教育プログラムを環境変化に即して継続することであろう。

Any company attempting to compete in a global economy needs to recruit and train foreign personnel at every level. For a Japanese company it constitutes a challenge to find and attract talent from other countries who are multilingual including a working knowledge of Japanese, and an understanding of Japanese culture. The challenge is training and continuing realistic educational programs.

はじめに

中小企業のことを英語ではＳＭＥ（エスエムイー）と表現する。Small Medium Enterprise の略である。日本で就職を希望する外国人材にとって、最初に思い浮かぶ就職先候補は世界に名の知れている大手企業かもしれない。

彼らは日本のＳＭＥが技術力に優れ、世界に通用するサプライチェーンを構成しているという漠然とした印象は持っているようだが、日本語ベースの情報に疎いこともあって、そのＳＭＥが求人をしているのか、していたとしても自分たちガイコクジンを採用するのか、どのように就活すればよいのかといったことはあまり情報収集できていない。したがって、彼ら外国人求職者は主に外資系を中心にインターネット上の英語ベースでの求人・求職マッチングサービスをもっぱら利用している。そのサービスがどこまでＳＭＥの求人をカバーしているかは疑問である。

最近、経済産業省や厚生労働省、ジェトロ（ＪＥＴＲＯ独立行政法人日本貿易振興会）といった官公庁や、東京都、大阪府といった自治体が中小企業の経営者を対象として、外国人材の紹介や斡旋、採用後の外国人材の定着支援のコンサルティング、あるいは外国人材採用の準備のための研修など、外国人材と中小企業をつなぐためのさまざまな支援を提供し始めている。それらの支援は全て無料である。

わたしはこれらの国や自治体のプログラムに専門家（アドバイザー）として関与させていただいている。

その関係で、肌で感じるのは、国や地方自治体が中小企業と外国人材のマッチングの重要性を強く認識しているということである。

一方、わたしが勤める会社では、これまで民間契約に基づいてさまざまな外国人材をもっぱら中堅・中小企業に正社員として紹介したり、あるいは自社で採用したりしてきた。紹介先で最も多いのは製造業で、次にサービス業、そして小売業と続く。

国籍は、中国、ロシア、ドイツ、インドネシア、インド、ベトナム、フランス、マレーシア、アメリカ、フィリピン、スウェーデン、モロッコ、ミャンマーなどさまざまで、男女比はほぼ半々くらい、文科系が7～8割で残りは技術系である。日本で留学したあとの就職の場合もあれば、転職の場合もあり、多くは20代の若さだ。

わたしの会社が取引している埼玉の中堅企業Yは、特殊銅合金を製造している。

この会社では、電気機器会社や半導体製造会社向けから鉄道車両や航空機のランディングギアといった輸送機械会社向け、そして岐阜県にある世界最大の地下ニュートリノ観測装置スーパーカミオカンデで用いられる実験装置や欧州の国際核融合実験炉に至るまで軽重幅広い用途に製品を供給している。

合金は混ぜ合わせる金属により、硬さを高めたり、錆びにくくしたり、強度を増しつつ軽くしたり、熱伝導を高めたりとさまざまな特性を発揮する。

その中でも銅合金には多くの特性の可能性が潜んでいるようで、Yでは知己の大学教授などとともに日夜研究開発に取り組んでいる。合金メーカーだからというわけではないであろうが、Yにはアメリカ人、ブラジル人、中国人、ベトナム人といった外国人材が日本人社員にまざって、営業や品証、生産技術、海外駐在などいろいろな現場で活躍し、結果を出してきている。

合金同様、日本人とは異なる夫々の特性を生かして同社の組織をより強固なものにしていると感じる。日本の少子高齢化に伴う単なる労働力の補填としての外国人材受け入れではなく、彼らが組織にもたらす多様性価値という化学変化（異種合金効果）をＹの社長はイメージできているのかもしれない。

本書は日本の中堅・中小企業のさらなる発達・発展、そして成長のために外国人材を採用し、育成していくことを提言するものである。

１９６０年代から80年代までの高度経済成長期には市場需要が満ち溢れ、サプライサイド重視のビジネスとして日本人の単一組織、純血主義、家族主義が終身雇用、年功序列と相まって最も効率よく「稼ぐ」ことに適していた。

それが１９９０年代前半のバブル崩壊とその後の需要の低迷期からは、新規需要を探し、あるいは創造し、製品やサービスの開発や販売促進にさまざまな工夫をすることによる需要創造が求められている。成長著しいアジアなど海外市場の開拓やインバウンドといった外需の取り込みも中小企業の喫緊の課題といえよう。

われわれ日本人は、日本にあって、会社の社員が日本人であることを当然のこととして過ごしてきたかもしれないが、日本人だけの経験や感性、思考や発想の限界が純金属的もろさを露呈しないとも限らない。

日本列島がユーラシア大陸と地続きや、島続きでつながっていたころには、大陸の北部からも南部からも日本列島に「大陸人」が入ってきて、それが今日の我々のＤＮＡの組成にも反映されている。その後、大陸から完全に分離して島国となった日本に「外国人」が入ってくることはまれとなった。それでも大陸との交易を通じ、文字や貨幣、仏教、陶器や織物、律令政治といったものを取り入れ、消化し、別途日本的なものに進化させてきた。今日では産業はもとより、芸術からスポーツ、ウィスキー、スイーツ、ハイテクに至るまで、外国生まれのものを「日本」というブラックボックスに入れ、より精緻で、付加価値の高いものに仕上げ海外に輸出してきている。

松尾芭蕉が語る「不易流行」には、俳句の句風に限らず、そうした日本と日本人がもともと持つ不変の価値に、外からの流行・変化を積極的に取り込むバランスの大切さが含まれていると感じる。

逆に「純日本的」なものが海外、特に欧米で地元風に変化している例も枚挙にいとまがない。ヒト・モノ・カネ情報技術の流れがますますボーダーレスとなる中で、日本も「ガイコクジン」というヒトのインプットを増し、強固でかつ柔軟な、そしてさまざまな特性を持つ合金的組織体に発展していくことを期待して本書をとりまとめた。

第1章は日本で外国人就労者が増えている様子と、企業による外国人採用の狙い、そして外国人材の日本での就労の目的をまとめた。外国人材の採用や活用について特にまだ何も意識していないものの、日本での実態に興味のある方は本章が参考となるかもしれない。

第2章と第3章は事例を集めたもので、日本の中堅・中小企業での外国人材採用・活用の成功例や教訓を具体的に紹介している。外国人材の採用・活用のメリットや懸念点、注意点といったことに関心のある方々は本章から読み始めてもよいかもしれない。

第4章は外国人材を採用する場合の受け入れ準備や必要な支援内容について、また第5章では採用後、外国人材を輸出などの海外展開に活用する効果的な育成・活用方法や職場定着のための支援策といったものをまとめている。外国人材の採用を準備されている方はもとより、すでに採用済みの方にも参考になると思う。

最後に第6章は、外国人材の採用をきっかけとした会社の成長、発達、発展の可能性を考える。職場環境をボトムアップで活性化するとともに、日本人社員と外国人社員のポジティブな化学変化をトップダウンで目指す、いわゆる「ダイバーシティ価値実現」という人材面の経営革新を起こし、外需取り込みを含めた売上・収益増、企業文化の進化、経営力の増強につなげていく可能性について考察している。

経営革新を考えられている企業幹部の皆様に、本書が外国人材という新たな切り口から組織の成長、発達、発展を模索するきっかけを提供できれば幸いである。

目次

第1章

外国人就労者と日本社会

1 多様化しているビジネス形態
——外国人労働力とは何か?——

コンビニやレストランで活躍する外国人の店員やバイト職員を見かけることは普通の風景となっている。

今、日本国内に住んでいる50人に1人以上が外国人で、その割合は少しずつ増えている。就労者に占める外国人の割合は2%を大きく上回り(1)、こちらも上昇中である(ただし、2020年はコロナ禍の入国制限などで前年比減少)。

日本で外国人材を受け入れている組織は、海外から教授、研究者、留学生を受け入れている大学や専修学校、日本語学校そして研究機関といった「学術機関」、海外で実績のあるアスリート、チームスポーツ選手、監督、コーチなどを迎え入れる「スポーツ組織」、日本に特派員を置く「海外メディア」、「在日大使館」、文化・芸術・芸能を支える「新興組織」などとともに、外国人が就労する「企業」がある。

本章ではこの「企業」、特に中堅・中小企業に焦点を絞り、日本で就労する外国人の状況と、受入れ企業の受入れの目的、狙い、期待などをまとめてみる。

▼外国人就労者の国籍

厚生労働省の統計では2020年10月時点で172万4328人もの外国人が日本企業に雇用され、コロナ禍にもかかわらず、前年比4・0%増となっている。

国籍別にみると2019年まで長らくトップだった中国が41万9431人（全体の24・3%）で2位に落ち、前年まで2位であったベトナムが41万3998人（同25・7%）で首位に躍り出た。

この両国で全体のちょうど半分を占める。

次いでフィリピン18万4750人（10・7%）、ブラジル13万1112人（7・6%）と続く。

ちなみにオーストラリアとニュージーランドを含めた欧米系は8万4144人（4・7%）となっている。

▼外国人就労者の在留資格

次に、法務省出入国管理庁が定める在留資格ごとに外国人就労者を見てみる。

（1）就労目的で在留が認められる者　約36・0万人（いわゆる「専門的・技術的分野の技能を持つことを根拠に在留が認められる資格」）

「専門的・技術的分野」に該当する主な在留資格と就労の具体例

在留資格（括弧内は2019年時点の法務省の数値）	具体例
教授	大学教授など
高度専門職（1万4924人）	ポイント制による高度人材（企業・研究機関）
経営・管理（2万4929人）	企業などの経営者・管理者
法律・会計業務	弁護士、公認会計士など
医療	医師、歯科医師、看護師
研究	政府関係機関や企業などの研究者
教育	中学校・高など学校などの語学教師など
＊技術・人文知識・国際業務（27万1999人）	機械工学などの技術者、通訳、デザイナー、企業の語学教師、マーケティング業務従事者など
企業内転勤（1万8193人）	外国の事業所からの転勤者
介護	介護福祉士
技能（4万1692人）	外国料理の調理師、スポーツ指導者、航空機の操縦者、貴金属などの加工職人など
特定技能1号・2号（1621人）	特定産業分野（14分野）の各業務従業者

（2）身分に基づき在留する者　約54・6万人（主に日系人である「定住者」、10年以上の日本での就労などの条件を満たした「永住者」、「日本人の配偶者など」など）これらの在留資格は在留中の活動に制限がないため、様々な分野で就労が可能。

（3）技能実習　約40・2万人

本来この資格は日本からの技能移転を通じた開発途上国への国際協力が目的。平成22年7月1日施行の改正入管法により、技能実習生は入国1年目から雇用関係のある「技能実習」の在留資格が付与される（就労可能となった）。

（4）特定活動　約4・6万人（EPA（経済連携協定）に基づく外国人看護師・介護福祉士候補者、ワーキングホリデー、外国人建設就労者、外国人造船就労者など）

（5）資格外活動（留学生のアルバイトなど）　約37・0万人

本来の在留資格の活動（留学など）を阻害しない範囲内（1週28時間以内など）で、相当と認められる場合に就労活動が許可される。

＊日本企業で外国人材が就労する場合に多く見られる在留資格を強調してある。

▼外国人就労者の職種

これらの外国人就労者を資格や技能に基づくホワイトカラー職（頭脳労働、デスクワークなど）と、もっぱら現場の労働力としてのブルーカラーに分けるとすると、

（1）就労目的で在留が認められる者の中の特定技能1号・2号（特定産業分野14分野は表1-1の通り）、
（2）身分に基づき在留する者の一部、
（3）技能実習（就労可能対象職種は表1-2の通り）、
（5）の資格外活動

が主にブルーカラー的業務を目的とする。

一方、（1）のほとんどや、（2）身分に基づく資格者の一部と（4）特定活動の一部がホワイトカラー職となる。

▼外国人の就労先の業種

次に、産業別にみると製造業に勤める外国人材が48万2002人（28・0%）と最も多く、次いでサービス業（飲食・宿泊、教育を除く）が27万6951人（16・1%）、卸売業・小売業23万2014人（13・5%）、飲食・宿泊業20万2913人（10・4%）、教育・学習支援業7万1775人（7・7%）と続く。

勤務先の事業所規模で見てみると、従業員規模30人未満が61万6809人（35・8%）と最も多く、従業員30人以上99人以下が32万2609人（18・7%）、100人以上499人以下が38万3052人（22・2%）、500人以上が33万4760人（19・4%）となっている。

いわゆる中堅・中小企業に日本で就労する外国人の半分以上が勤めていることがわかる。

表1－1　出入国在留管理庁特定技能ガイドブック（令和２年７月１日現在）

		人手不足状況	人材基準		その他重要事項		
	分野	受入れ見込数（５年間の最大値）（注）	技能試験	日本語試験	従事する業務	雇用形態	受入れ機関に対して特に課す条件
厚労省	介護	60,000人	介護技能評価試験	国際交流基金日本語基礎テスト，又は，日本語能力試験Ｎ４以上（上記に加えて）介護日本語評価試験	・身体介護等（利用者の心身の状況に応じた入浴，食事排せつの介助等）のほか，これに付随する支援業務（レクリエーションの実施，機能訓練の補助等） （注）訪問系サービスは対象外 〔１試験区分〕	直接	・厚労省が組織する協議会に参加し，必要な協力を行うこと ・厚労省が行う調査又は指導に対し，必要な協力を行うこと ・事業所単位での受入れ人数枠の設定
	ビルクリーニング	37,000人	ビルクリーニング分野特定技能１号評価試験	国際交流基金日本語基礎テスト，又は，日本語能力試験Ｎ４以上	・建築物内部の清掃 〔１試験区分〕	直接	・厚労省が組織する協議会に参加し，必要な協力を行うこと ・厚労省が行う調査又は指導に対し，必要な協力を行うこと ・「建築物清掃業」又は「建築物環境衛生総合管理業」の登録を受けていること
経産省	素形材産業	21,500人	製造分野特定技能１号評価試験	国際交流基金日本語基礎テスト，又は，日本語能力試験Ｎ４以上	・鋳造　・工場板金　・機械検査 ・鍛造　・めっき　・機械保全 ・ダイカスト　・アルミニウム陽極酸化処理　・塗装 ・機械加工　・溶接 ・金属プレス加工　・仕上げ 〔13試験区分〕	直接	・経産省が組織する協議会に参加し，必要な協力を行うこと ・経産省が行う調査又は指導に対し，必要な協力を行うこと
	産業機械製造業	5,250人	製造分野特定技能１号評価試験	国際交流基金日本語基礎テスト，又は，日本語能力試験Ｎ４以上	・鋳造　・工場板金　・電子機器組立て ・鍛造　・めっき　・電気機器組立て ・ダイカスト　・仕上げ　・プリント配線板製造 ・機械加工　・機械検査　・プラスチック成形 ・塗装　・機械保全　・金属プレス加工 ・鉄工　・工業包装　・溶接 〔18試験区分〕	直接	・経産省が組織する協議会に参加し，必要な協力を行うこと ・経産省が行う調査又は指導に対し，必要な協力を行うこと
	電気・電子情報関連産業	4,700人	製造分野特定技能１号評価試験	国際交流基金日本語基礎テスト，又は，日本語能力試験Ｎ４以上	・機械加工　・機械保全　・塗装 ・金属プレス加工　・電子機器組立て　・溶接 ・工場板金　・電気機器組立て　・工業包装 ・めっき　・プリント配線板製造 ・仕上げ　・プラスチック成形 〔13試験区分〕	直接	・経産省が組織する協議会に参加し，必要な協力を行うこと ・経産省が行う調査又は指導に対し，必要な協力を行うこと
国交省	建設	40,000人	建設分野特定技能１号評価試験等	国際交流基金日本語基礎テスト，又は，日本語能力試験Ｎ４以上	・型枠施工　・屋根ふき　・とび ・左官　・電気通信　・建築大工 ・コンクリート圧送　・鉄筋施工　・配管 ・トンネル推進工　・鉄筋継手　・建築板金 ・建設機械施工　・内装仕上げ／表装　・保温保冷 ・土工　・吹付ウレタン断熱 ・海洋土木工 〔18試験区分〕	直接	・外国人の受入れに関する建設業者団体に所属すること ・国交省が行う調査又は指導に対し，必要な協力を行うこと ・建設業法の許可を受けていること ・日本人と同等以上の報酬を安定的に支払い，技能習熟に応じて昇給を行う契約を締結していること ・雇用契約に係る重要事項について，母国語で書面を交付して説明すること ・受入れ建設企業単位での受入れ人数枠の設定 ・報酬等を記載した「建設特定技能受入計画」について，国交省の認定を受けること ・国交省等により，認定を受けた「建設特定技能受入計画」を適正に履行していることの確認を受けること ・特定技能外国人を建設キャリアアップシステムに登録すること 等
	造船・舶用工業	13,000人	造船・舶用工業分野特定技能１号試験等	国際交流基金日本語基礎テスト，又は，日本語能力試験Ｎ４以上	・溶接　・仕上げ ・塗装　・機械加工 ・鉄工　・電気機器組立て 〔６試験区分〕	直接	・国交省が組織する協議会に参加し，必要な協力を行うこと ・国交省が行う調査又は指導に対し，必要な協力を行うこと ・登録支援機関に支援計画の実施を委託するに当たっては，上記条件を満たす登録支援機関に委託すること
	自動車整備	7,000人	自動車整備分野特定技能評価試験等	国際交流基金日本語基礎テスト，又は，日本語能力試験Ｎ４以上	・自動車の日常点検整備，定期点検整備，分解整備 〔１試験区分〕	直接	・国交省が組織する協議会に参加し，必要な協力を行うこと ・国交省が行う調査又は指導に対し，必要な協力を行うこと ・登録支援機関に支援計画の実施を委託するに当たっては，上記条件等を満たす登録支援機関に委託すること ・道路運送車両法に基づく認証を受けた事業場であること
	航空	2,200人	特定技能評価試験（航空分野：空港グランドハンドリング，航空機整備）	国際交流基金日本語基礎テスト，又は，日本語能力試験Ｎ４以上	・空港グランドハンドリング（地上走行支援業務，手荷物・貨物取扱業務等） ・航空機整備（機体，装備品等の整備業務等） 〔２試験区分〕	直接	・国交省が組織する協議会に参加し，必要な協力を行うこと ・国交省が行う調査又は指導に対し，必要な協力を行うこと ・登録支援機関に支援計画の実施を委託するに当たっては，上記条件を満たす登録支援機関に委託すること ・空港管理規則に基づく構内営業承認等を受けた事業者又は航空法に基づく航空機整備等に係る認定事業場等であること
	宿泊	22,000人	宿泊業技能測定試験	国際交流基金日本語基礎テスト，又は，日本語能力試験Ｎ４以上	・フロント，企画・広報，接客，レストランサービス等の宿泊サービスの提供 〔１試験区分〕	直接	・国交省が組織する協議会に参加し，必要な協力を行うこと ・国交省が行う調査又は指導に対し，必要な協力を行うこと ・登録支援機関に支援計画の実施を委託するに当たっては，上記条件を満たす登録支援機関に委託すること ・「旅館・ホテル営業」の許可を受けた者であること ・風俗営業関連の施設に該当しないこと ・風俗営業関連の接待を行わせないこと
農水省	農業	36,500人	農業技能測定試験	国際交流基金日本語基礎テスト，又は，日本語能力試験Ｎ４以上	・耕種農業全般（栽培管理，農産物の集出荷・選別等） ・畜産農業全般（飼養管理，畜産物の集出荷・選別等） 〔２試験区分〕	直接 派遣	・農水省が組織する協議会に参加し，必要な協力を行うこと ・農水省が行う調査又は指導に対し，必要な協力を行うこと ・登録支援機関に支援計画の実施を委託するに当たっては，協議会に対し必要な協力を行う登録支援機関に委託すること ・労働者を一定期間以上雇用した経験がある農業経営体であること
	漁業	9,000人	漁業技能測定試験（漁業又は養殖業）	国際交流基金日本語基礎テスト，又は，日本語能力試験Ｎ４以上	・漁業（漁具の製作・補修，水産動植物の探索，漁具・漁労機械の操作，水産動植物の採捕，漁獲物の処理・保蔵，安全衛生の確保等） ・養殖業（養殖資材の製作・補修・管理，養殖水産動植物の育成管理・収獲（穫）・処理，安全衛生の確保等） 〔２試験区分〕	直接 派遣	・農水省が組織する協議会に参加し，必要な協力を行うこと ・農水省が行う調査又は指導に対し，必要な協力を行うこと ・農水省が組織する協議会において協議が調った措置を講じること ・登録支援機関に支援計画の実施を委託するに当たっては，分野固有の基準に適合している登録支援機関に限ること
	飲食料品製造業	34,000人	飲食料品製造業特定技能１号技能測定試験	国際交流基金日本語基礎テスト，又は，日本語能力試験Ｎ４以上	・飲食料品製造業全般（飲食料品（酒類を除く）の製造・加工，安全衛生） 〔１試験区分〕	直接	・農水省が組織する協議会に参加し，必要な協力を行うこと ・農水省が行う調査又は指導に対し，必要な協力を行うこと
	外食業	53,000人	外食業特定技能１号技能測定試験	国際交流基金日本語基礎テスト，又は，日本語能力試験Ｎ４以上	・外食業全般（飲食物調理，接客，店舗管理） 〔１試験区分〕	直接	・農水省が組織する協議会に参加し，必要な協力を行うこと ・農水省が行う調査又は指導に対し，必要な協力を行うこと ・風俗営業関連の営業所に就労させないこと ・風俗営業関連の接待を行わせないこと

（注）14分野の受入れ見込数（５年間の最大値）の合計：345,150人.

（出所）出入国在留管理庁特定技能ガイドブック.

表１－２　厚生労働省作成　技能実習２号移行対象職種

別表

技能実習２号移行対象職種　68職種126作業

1　農業関係（２職種５作業）

職種名	作業名
耕種農業	施設園芸
	畑作・野菜
畜産農業	養豚
	養鶏
	酪農

2　漁業関係（２職種９作業）

職種名	作業名
漁船漁業	かつお一本釣り漁業
	まぐろはえ縄漁業
	いか釣り漁業
	まき網漁業
	底曳網漁業
	流し網漁業
	定置網漁業
	かに・えびかご漁業作業
養殖業	ホタテガイ・マガキ養殖作業

3　建設関係（21職種31作業）

職種名	作業名
さく井	パーカッション式さく井工事作業
	ロータリー式さく井工事作業
建築板金	ダクト板金作業
冷凍空気調和機器施工	冷凍空気調和機器施工作業
建具製作	木製建具手加工作業
建築大工	大工工事作業
型枠施工	型枠工事作業
鉄筋施工	鉄筋組立て作業
と　び	とび作業
石材施工	石材加工作業
	石張り作業
タイル張り	タイル張り作業
かわらぶき	かわらぶき作業
左　官	左官作業
配　管	建築配管作業
	プラント配管作業
熱絶縁施工	保温保冷工事作業
内装仕上げ施工	プラスチック系床仕上げ工事作業
	カーペット系床仕上げ工事作業
	鋼製下地工事作業
	ボード仕上げ工事作業
	カーテン工事作業
サッシ施工	ビル用サッシ施工作業
防水施工	シーリング防水工事作業
コンクリート圧送施工	コンクリート圧送工事作業
ウェルポイント施工	ウェルポイント工事作業
表　装	壁装作業
建設機械施工	押土・整地作業
	積込み作業
	掘削作業
	締固め作業

4　食品製造関係（７職種12作業）

職種名	作業名
缶詰巻締	缶詰巻締
食鳥処理加工業	食鳥処理加工作業
加熱性水産加工食品製造業	節類製造
	加熱乾製品製造
	調味加工品製造
	くん製品製造
非加熱性水産加工食品製造業	塩蔵品製造
	乾製品製造
	発酵食品製造
水産練り製品製造	かまぼこ製品製造作業
ハム・ソーセージ・ベーコン製造	ハム・ソーセージ・ベーコン製造作業
パン製造	パン製造作業

5　繊維・衣服関係（11職種20作業）

職種名	作業名
紡績運転	前紡工程作業
	精紡工程作業
	巻糸工程作業
	合撚糸工程作業
織布運転	準備工程作業
	製織工程作業
	仕上工程作業
染　色	糸浸染作業
	織物・ニット浸染作業
ニット製品製造	靴下製造作業
	丸編みニット製造作業
たて編ニット生地製造	たて編ニット生地製造作業
婦人子供服製造	婦人子供既製服製造作業
紳士服製造	紳士既製服製造作業
寝具製作	寝具製作作業
カーペット製造	織じゅうたん製造作業
	タフテッドカーペット製造作業
	ニードルパンチカーペット製造作業
帆布製品製造	帆布製品製造作業
布はく縫製	ワイシャツ製造作業

6　機械・金属関係（15職種27作業）

職種名	作業名
鋳　造	鋳鉄鋳物鋳造作業
	非鉄金属鋳物鋳造作業
鍛　造	ハンマ型鍛造作業
	プレス型鍛造作業
ダイカスト	ホットチャンバダイカスト作業
	コールドチャンバダイカスト作業
機械加工	旋盤作業
	フライス盤作業
金属プレス加工	金属プレス作業
鉄　工	構造物鉄工作業
工場板金	機械板金作業
めっき	電気めっき作業
	溶融亜鉛めっき作業
アルミニウム陽極酸化処理	陽極酸化処理作業
仕上げ	治工具仕上げ作業
	金型仕上げ作業
	機械組立仕上げ作業
機械検査	機械検査作業
機械保全	機械系保全作業
電子機器組立て	電子機器組立て作業
電気機器組立て	回転電機組立て作業
	変圧器組立て作業
	配電盤・制御盤組立て作業
	開閉制御器具組立て作業
	回転電機巻線製作作業
プリント配線板製造	プリント配線板設計作業
	プリント配線板製造作業

7　その他（10職種22作業）

職種名	作業名
家具製作	家具手加工作業
印　刷	オフセット印刷作業
製　本	製本作業
プラスチック成形	圧縮成形作業
	射出成形作業
	インフレーション成形作業
	ブロー成形作業
強化プラスチック成形	手積み積層成形作業
塗　装	建築塗装作業
	金属塗装作業
	鋼橋塗装作業
	噴霧塗装作業
溶　接	手溶接
	半自動溶接
工業包装	工業包装作業
紙器・段ボール箱製造	印刷箱打抜き作業
	印刷箱製箱作業
	貼箱製造作業
	段ボール箱製造作業
陶磁器工業製品製造	機械ろくろ成形作業
	圧力鋳込み成形作業
	パッド印刷作業

（出所）厚生労働省（http://www.mhlw.go.jp/bunya/nouryoku/gaikoku/dl/ginouikou.pdf,
2022年６月30日閲覧）.

▼外国人就労者の勤務地域

最後に、都道府県別に勤労状況を見ると、東京に勤める外国人の数は49万6606人（全体の28・8％）とダントツ1位である。かなり離れた2位が愛知県で17万5881人（同10・2％）、3位が大阪府で11万7254人（6・8％）となっている。

東京労働局のデータで東京の状況をさらに細かく見ると、東京での就労者では中国人が最も多く17万176人（全体の34・2％）、次いでベトナム人8万3654人（同16・8％）、韓国人3万8868人（7・8％）、ネパール人3万8440人（7・7％）、フィリピン人3万2507人（6・5％）となっている。

また、都内の業種では、宿泊・飲食サービス業に10万5865人（21・3％）と最も多くの外国人が勤め、次いで卸売・小売業に9万5401人（19・2％）、その他のサービス業7万9165人（15・9％）、情報通信業5万8395人（11・8％）、学術研究、専門・技術サービス業3万4525人（6・9％）と続いている。

2 日本企業が求める人材
――戦略とビジネスチャンス――

プロスポーツの世界では「即戦力」や「戦力増強」という意味で「助っ人外国人」という表現を使ったりするが、ビジネス界でこの呼び方を聞くことはほとんどないであろう。

それでは中堅・中小企業に「助っ人」的外国人材はいるのであろうか？ 図1-1はマイナビによる日

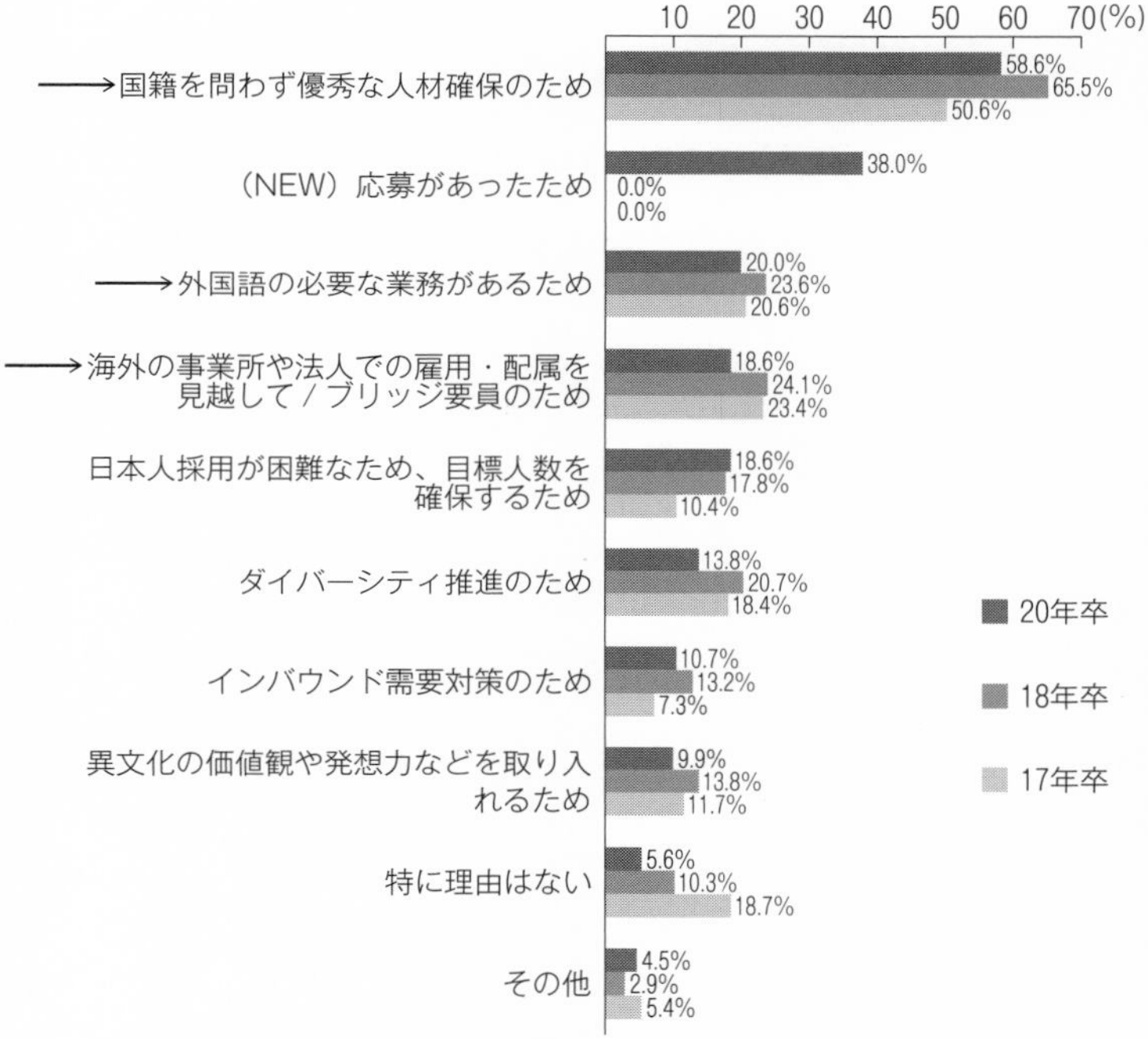

図1－1　外国人留学生採用理由（複数回答、N＝355）

（出所）マイナビ2020年卒企業外国人留学生採用状況調査.

本企業向けアンケート調査の結果で、外国人材を採用した目的や理由を示している。これを見ると、「国籍を問わず優秀な人材を確保するため」が最多となっている。

ただ、「外国語の必要な業務があるため」とか「海外の事業所や法人での雇用・配属を意識して、ブリッジ要員のため」といった外国人であることを意識した目的を足し合わせると「国籍を問わず……」よりも多くなり、実は「日本人の弱いところ」「日本人ではできないこと」をカバーする「助っ人」の確保が重要な目的であるともいえる。

また、「ダイバーシティ」の実

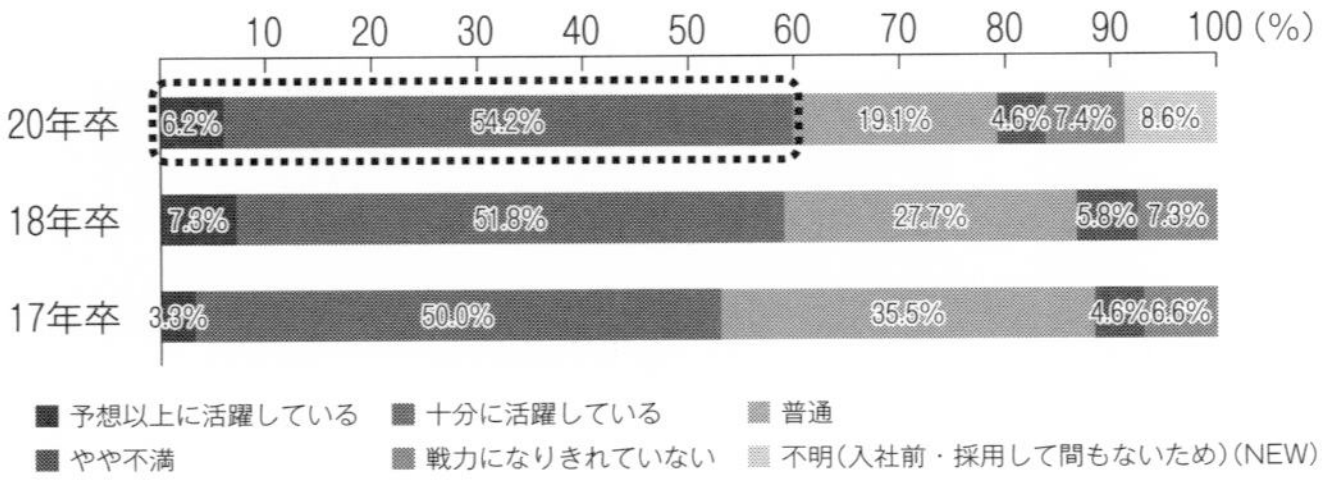

図1－2　外国人留学生の入社後の活躍に対する満足度（N＝325）

（出所）マイナビ2020年卒企業外国人留学生採用状況調査.

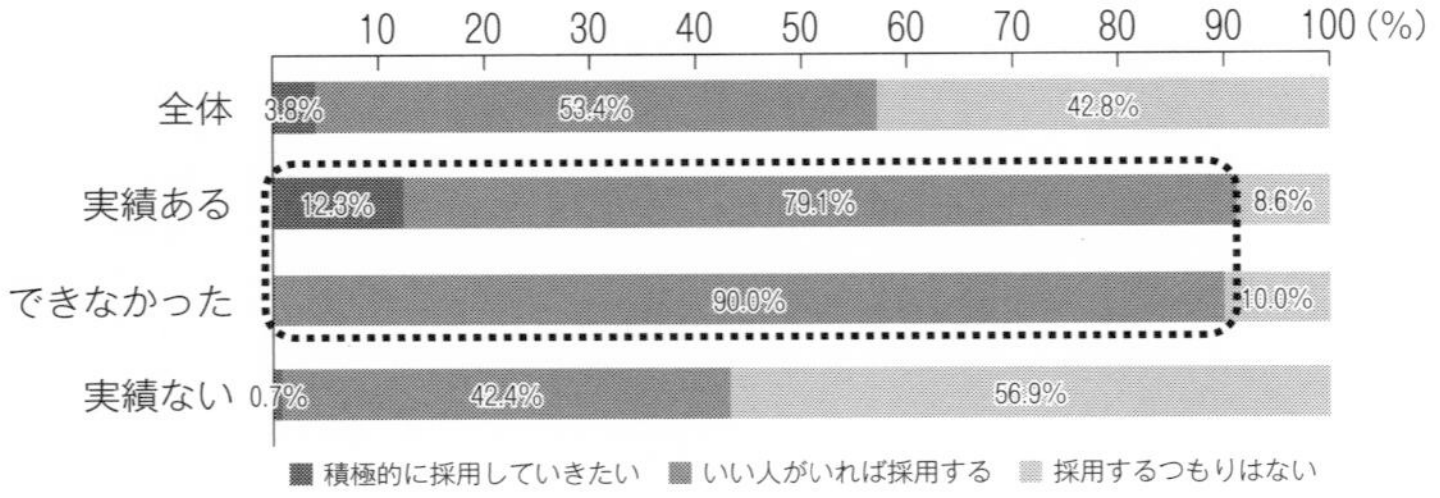

図1－3　今後の外国人留学生の採用予定（N＝1209）

（出所）図1－2と同じ.

現を目指すため、という回答も14％弱あった。

同じくマイナビが、外国人留学生の入社後の活躍に関する企業側の満足度についても調べている。それによると外国人留学生採用企業の6割以上がその働きぶりに満足しており（図1－2）、その結果、外国人留学生の採用実績のある企業では9割以上が継続的に留学生を採用すると回答している（図1－3）。

▼輸出入や海外投資への外国人材の必要性

第2章以降で紹介する具体的な事例から、中堅・中小企業の海外展開業務における外国人材の活躍の様子が垣間見えると思うが、ここではまず日本の中堅・中小企業の海外事業展開の状況についてジェトロが毎年行う「日本企業の海外事業展開に関するアンケート調査の最新版」（２０２０年度）の内容を紹介したい。

アンケート参加企業数は２７２２社でうち２３１２社が中小企業（85％）、残り４１０社（15％）が大企業であった。

その中で、「現在輸出を行っている」と答えた企業の割合は70・６％（中小企業72・８％）、輸出先のトップ５は中国（59・９％）、台湾（54・４％）、米国（50・２％）、香港（46・５％）、タイ（43・８％）となっている。「海外拠点を持っている」と答えた企業の割合は35・５％（中小企業28・４％）で、その拠点の所在国トップ５は中国（57・６％）、タイ（36・４％）、米国（32・７％）、ベトナム（32・５％）、台湾・インドネシア同率（23・１％）である。

総売上に占める海外売上高比率は全体で18・６％（中小企業18・１％）で、総売上の11・９％（中小企業11・８％）を、中国を含むアジア・大洋州で、同３・５％（同３・２％）を北米・中南米で、同２・３％（同２・２％）を欧州・ロシアで計上している。

今後の輸出方針として、中小企業の77・５％が「さらなる輸出の拡大を図る」と回答。ただし、その割合は２０１９年度調査の80・２％を下回り、コロナの影響が感じられる。

今後海外での事業拡大を図ると回答した企業の相手国や地域のトップ10は、中国（48・１％）を筆頭に、②ベトナム（40・９％）、③米国（40・１％）、④タイ（36・７％）、⑤台湾（33・３％）、⑥西欧（30・４％）、⑦インドネシア（25・８％）、⑧シンガポール（25・１％）、⑨マレーシア（23・１％）、⑩香港（20・２％）である。

輸出において、昨今日本が急速に拡大させている「自由貿易協定」を「活用している」と回答した企業の割合は43・9％であった。

次に国内外での販売において「EC（電子商取引）を利用したことがある」と回答した企業の割合は33・3％（中小企業は34・3％）、「今後利用を拡大する」は43・9％（中小企業46・7％）となっている。

さらにはEC活用実績のある企業のうち45・5％（中小企業47・0％）が越境ECサイトで輸出を行っていると回答している。その際に国内自社サイトで販売している企業の割合は35・4％（中小企業37・6％）であった。また、海外向けEC利用で販売先のトップ3は中国（47・6％）、米国（28・2％）、台湾（13・0％）であった。

最後に、コロナ禍でデジタル化の進む海外ビジネスの今後の方針において、13・8％の企業（中小企業は12・5％）が海外ビジネス人材を見直すと回答した。その課題のトップが「海外人材（外国人）の採用」（38・8％、中小企業38・9％）、以下「海外人材（日本人）の育成」（31・9％、同30・2％）、「海外人材（日本人）の採用」（29・9％、同29・1％）、「海外人材（外国人）の育成」（29・0％、同28・7％）となっている。

ということで、ジェトロの調査結果を見る限り、コロナ禍の影響を受け、海外展開を対面からデジタル化に切り替えるなどの見直しの中で、現在以上の人材面の補強を考えている企業の割合は13％前後と少数派だが、その対策として外国人の採用や育成に一層注力しつつある様子もうかがえる。

3 外国人材が求める企業
――仕事の選好と選択――

▼日本の経済力だけでなく文化・生活の魅力に惹かれる外国人材

本書は基本的に中堅・中小企業の経営幹部の方々に外国人材の活用のメリットなどを紹介するものだが、一方で、外国人の立場を理解しておくことも大切であろう。外国人材の日本での就労のモチベーションの原動力がどこにあるのかなど、相手の立場を理解しておくことが自社の中長期的な利益につながると考えられる。

それでは外国人材は、日本で就労するメリットとして何を期待しているのであろうか？もちろんそれは人それぞれで、出身国が日本よりも賃金レベルの低い国であれば、当然ながら母国よりも高収入が得られることが動機となる。

日本の高度成長期、ハーバード大学名誉教授のエズラ・ボーゲルの著作『ジャパン・アズ・ナンバーワン』などで世界の注目を浴びたころには経済力への興味から日本への留学が増えたことも事実だが、残念ながら現在の日本の経済力に引き寄せられる欧米の留学生は多くはない。

むしろ日本が世界をリードする特定の技術やビジネスモデルを学んだり、異文化で自らの視野と経験を広げたりするキャリア開拓先の１つとして日本を選ぶ場合や、単に日本文化へのあこがれからその文化を身近に感じる生活を希望するといったソフトな動機が多い印象である。

２０１０年頃からイギリスのメディアのＢＢＣが毎年、主要国好感度調査を行っていたが、２０１２年の調査では日本はトップに選ばれており、他の年でも常に上位に位置していた。最近の調査で、コロナ禍の２０２０年にレミトリーという外国為替決済サービス会社が世界の主要国の市民を対象に行った移住希望国の調査で日本は2位となっている。1位はカナダであったが、カナダの投票者が選んだトップは日本であった。

わたしが日々接する外国人材から聞く訪日動機も様々だが、東京のバルブ設計会社に勤める台湾人男性は、マンガなどで紹介される日本の街なみとその静けさ、清潔さにあこがれて日本での就労を決めたと語っていた。つまり、日本の街なみを感じて生活することそのものが日本移住の最上位の目的であった。

訪日前、彼は世界的に知られた台湾企業に勤めていたが、日本で暮らすために日本の中堅企業に転職したのである。

日本が海外の優秀な若者の留学や就労先として選ばれるには、マンガだけでなく、様々なチャネルで日本の良さを海外に伝えるいわゆるブランディングが大切である。そして、日本で暮らし、就労する彼ら彼女らがその喜びを、ＳＮＳなどを通じて世界に発信していくことで、さらに多くの海外の若者が日本の魅力に引き寄せられてくるのではないであろうか。

わたしは前職の総合商社時代、米国に2度（１９８８年～１９９３年、２００８年～２０１２年）駐在する機会を得たが、いずれの場合もアメリカンドリームは健在であると感じた。

それは単に移民や留学生の数が圧倒的に多いからというだけでなく、移民や留学生による起業率の高さやGAFAM(2)など有名企業への入社、幹部登用の多さという形でも見られる。

アメリカの大学のレベルが世界トップクラスであり、企業の収入レベルも高いことはもとより、外国人でもフルに活躍し、自己実現していける、いわゆるダイバーシティ・マネージメントが行き届いていることが、アメリカが外国人材にとって大いなる魅力の地と映っていたことは間違いない。

世界中の上昇志向の強い若者は今のところ、アメリカを目指し、次いで欧州へ、といった状況かと思われる。欧米でなく、あえて日本を目指してくる若者にとっての日本就労の動機、何が日本の「磁石」なのかを、外国人材採用を検討される企業経営者の方々もある程度理解しておくべきであろう。

そして、その日本の「磁石」と自社の魅力を意識して海外に情報発信していくべきである。

というのも、世界の優秀な外国人材が就労国を選択できる〝売り手市場〟が迫っているからである。

▼外国人採用の上限規制がないビジネス界

プロスポーツ界と異なり、ビジネス界では外国人社員の1社当たりの人数制限といったものは存在しない。かつて経営の助っ人として日産の社長に就任したカルロス・ゴーンのような経営職はもとより、平社員でも、日本で就労するための在留資格さえ取得すれば人数枠といったものはない。

もちろん、日本政府の法務省入国管理局において、日本国内に居住し、就労などする外国人の総数や国別の数をマクロで管理はしているが、個別企業の外国人採用数に直接制限をかけるものではない。

ただ、当局の在留資格審査の基本的な立ち位置は、「その仕事（役職）は日本人ではできないのか？」、「もし日本人ができるなら、わざわざ外国人を連れてくる必要はないのではないか？」というものだ。

この点でスポーツ界の方は、優れた外国人選手は実績が見えやすく、彼らが日本にもたらすメリットがはっきりしているので入国管理局に説明しやすい。

ビジネス界でもある程度の規模の企業が経営立て直しのために、ゴーンのような実績のある外国人経営者を「助っ人」として必要とする場合は誰の目にも分かりやすい。

一方、企業が外国人材を正社員として採用する場合はどうであろうか。少なくともわたしの会社が採用、あるいは紹介した範囲では、留学生からの新卒者や、経験・実績の多くない比較的若い転職希望者のケースが多く、したがって職業人としての「実績」は乏しい。大学などで学んだ専門の技術的スキルか語学力などが日本人就労者との差別化として在留資格申請の根拠になりやすい。

配偶者が日本人であったり、あるいは本人が永住者資格を保有していたりする場合は、その立場で自由に日本での就労が可能だが[3]、それらの特別な例をのぞき、大卒以上の高学歴の外国人材が日本の企業で正社員として就労期間の制限なく就労できる在留資格としては、「技術・人文知識・国際業務」がもっぱらの申請対象となる。

ちなみに、令和2年6月末時点の法務省の統計値によれば、「技術・人文知識・国際業務」の在留資格保有者数は28万８９９５人で、その多くが中堅・中小企業で勤めている。

「その仕事は日本人ではできないのか?」との先の入国管理局による審査のポイントに対する採用企業側の説明としては、その外国人材が持つ技術や語学力といった差別化できる能力を活かし、育成し、社業に貢献させていくということが求められてくる。言い換えれば、なぜ外国人材を採用するのか、社業のためにどう育成し、活用するのか、そのストーリーがしっかりしていれば、希望するだけの数の外国人材を社員として採用できることになる。

▼外国人材による創業

今、中堅・中小企業の最大の問題が後継者不足に伴う承継問題といわれ、実際その問題で廃業あるいは買収によりなくなっていく会社の数が増えている。

第６章のコラムでも触れるが、発明発見やイノベーションで世界をリードするアメリカやイスラエルにおいて起業家精神（アントレプレナーシップ）を発揮し、新会社を設立しているのがもっぱら移民の人々である。一方、日本での外国人による起業・創業の状況はどうであろうか。日本で創業する外国人や、会社を経営する外国人は、「経営・管理」の在留資格を取得することになるが、表1-3は「経営・管理」資格の保有者が年々増えていることを示している。

最近わたしが参加した外国人創業者と中小企業診断士との懇談のイベントには、インドネシア人社長4名、ベトナム人社長２名およびバングラデシュ人社長と中国人社長１名ずつの計８人の外国人社長が参加していた。

これら外国人創業企業の半分以上は、社員規模がまだ小さい観光業や小売り・飲食店といった消費者向けの業容であったが、中には大手宝石商や、レストランチェーンのオーナー、あるいは人材派遣・紹介業を手広く行う社長、さらには従業員を３００人以上抱えるＩＴ関連メーカーの社長として日本で羽振り良く活躍されている方もいた。

２０２０年2月以降のパンデミックでそれぞれ多大な影響を受けたようだが、皆、一様にリカバリー

表1−3　在留資格別在留外国人数の推移

在留資格	平成26年末 (2014)	平成27年末 (2015)	平成28年末 (2016)	平成29年末 (2017)	平成30年末 (2018)	構成比 (%)	対前年末増減率 (%)
総数	2,121,831	2,232,189	2,382,822	2,561,848	2,731,093	100.0	6.6
特別永住者	358,409	348,626	338,950	329,822	321,416	11.8	-2.5
中長期在留者	1,763,422	1,883,563	2,043,872	2,232,026	2,409,677	88.2	8.0
永住者	677,019	700,500	727,111	749,191	771,568	28.3	3.0
留学	214,525	246,679	277,331	311,505	337,000	12.3	8.2
技能実習	167,626	192,655	228,588	274,233	328,360	12.0	19.7
技能実習１号イ	4,371	4,815	4,943	5,971	5,128	0.2	-14.1
技能実習１号ロ	73,145	87,070	97,642	118,101	138,249	5.1	17.1
技能実習２号イ	2,553	2,684	3,207	3,424	3,712	0.1	8.4
技能実習２号ロ	87,557	98,086	122,796	146,729	173,873	6.4	18.5
技能実習３号イ				—	220	0.0	—
技能実習３号ロ				8	7,178	0.3	89,625.0
技術・人文知識・国際業務	122,794	137,706	161,124	189,273	225,724	8.3	19.3
定住者	159,596	161,532	168,830	179,834	192,014	7.0	6.8
家族滞在	125,992	133,589	149,303	166,561	182,452	6.7	9.5
日本人の配偶者等	145,312	140,349	139,327	140,839	142,381	5.2	1.1
特定活動	28,001	37,175	47,039	64,776	62,956	2.3	-2.8
技能	33,374	37,202	39,756	39,177	39,915	1.5	1.9
永住者の配偶者等	27,066	28,939	30,972	34,632	37,998	1.4	9.7
経営・管理	15,184	18,109	21,877	24,033	25,670	0.9	6.8
企業内転勤	15,378	15,465	15,772	16,486	17,328	0.6	5.1
教育	10,141	10,670	11,159	11,524	12,462	0.5	8.1
高度専門職		1,508	3,739	7,668	11,061	0.4	44.2
高度専門職１号イ		297	731	1,194	1,576	0.1	32.0
高度専門職１号ロ		1,144	2,813	6,046	8,774	0.3	45.1
高度専門職１号ハ		51	132	257	395	0.0	53.7
高度専門職２号		16	63	171	316	0.0	84.8
教授	7,565	7,651	7,463	7,403	7,360	0.3	-0.6
宗教	4,528	4,397	4,428	4,402	4,299	0.2	-2.3
文化活動	2,614	2,582	2,704	2,859	2,825	0.1	-1.2
興行	1,967	1,869	2,187	2,094	2,389	0.1	14.1
医療	695	1,015	1,342	1,653	1,936	0.1	17.1
研究	1,841	1,644	1,609	1,596	1,528	0.1	-4.3
研修	1,427	1,521	1,379	1,460	1,443	0.1	-1.2
芸術	409	433	438	426	461	0.0	8.2
報道	225	231	246	236	215	0.0	-8.9
介護				18	185	0.0	927.8
法律・会計業務	143	142	148	147	147	0.0	0.0

（注１）　平成27年４月１日の改正出入国管理及び難民認定法の施行に伴い，在留資格「投資・経営」は「経営・管理」へ改正され,「技術」及び「人文知識・国際業務」は「技術・人文知識・国際業務」へ一本化され,「高度専門職１号イ，ロ，ハ」及び「高度専門職２号」が新設された。

（注２）　平成29年９月１日から在留資格「介護」が新設された。

（注３）　平成29年11月１日から在留資格「技能実習３号イ及び３号ロ」が新設された。

（出所）法務省.

策を打っており、この禍を乗り切る自信を示し、日本での創業を後悔する人は誰もいなかった。日本政府も外国人材による創業を後押しすべく、「経営・管理」在留資格の取得要件を緩和する方針をすでに発表している。

またジェトロでは海外からの投資を促すべく海外の投資家や企業に様々な支援を提供している。経済産業省やジェトロ、あるいは東京・大阪といった自治体が外国人材と日本の中小企業とのマッチングを行ったり創業支援を積極的に行ったりしている背景に、個社ごとのミクロな貢献はもとより、外国人増による日本社会全体へのマクロ面でのプラスの効果があると見通しているからであろう。

注

（1）総務省「労働力調査」では2019年で2・46%。

（2）グーグル、アップル、フェイスブック、アマゾン、マイクロソフトの頭文字。

（3）在留資格の有効期間は1年、3年、5年などまちまちだが、企業側が雇用を維持する限り更新していくことは可能。

コラム

ビジネスの眼① 越境する弁当箱
――フランス人の視点――

中堅・中小企業における外国人材の具体的な活躍の事例については第2章以降で紹介するが、各章のコラムでは日本人ではできない（気づかない）外国人であればこそできる日本でのビジネスや、文化貢献の例を具体的に紹介し、「外国人材の日本にとっての価値」への気づきを促したい。

日本政府の中小企業政策の実行機関である独立行政法人中小企業基盤整備機構が中小企業支援の一環として数年前に東京で行った電子商取引に関するイベントにわたしも参加した。その際に、登壇されていたＢｅｎｔｏ ＆ Ｃｏ（現在は株式会社ベルトラン）の創業者兼代表者のベルトラン・トマさんから面白いお話を聴くことができた。

フランス人のトマさんは、ご自身の専攻の関係で京都大学への留学を決め、２００３年に初来日された。そしてそこで出逢ったのが日本のお弁当であった。

売られているお弁当から、日本人の友人などが持ってくる手づくり弁当まで、基本はご飯とおかずの組み合わせでありながら、トマさんにとってはそのレイアウト、色彩、そして器の一つひとつにいたるまで個性的かつ印象的であり、すぐにお弁当と弁当箱のとりこになったのである。

そこで、毎日出逢ったお弁当の写真をＳＮＳにアップし、ブログを母国語（フランス語）で書いていった。すると、そのブログの閲覧者がどんどん増え、中にはブログで紹介した弁当箱を調達して送ってほしい、といったリクエストを送るフランス人も出て来るようになった。そこで、それらのリクエストに応えていったところ、口コミが広がり、弁当箱購買希望者がかなりの数に膨れ上がったという。

その結果、趣味と実益を兼ねて、日本の弁当箱をフランスに輸出する「Bento & Co」という名の個人事業を2008年に始めた。同時に、越境ECサイトを構築した。

フランス語を母語とする人口は、ウィキペディアによれば1億2000万人、公用語や第2言語とする人々を加えると2億人を超えるそうで、それだけの潜在数の人々に日本の弁当と弁当箱の情報発信がなされたわけである。そうすると今度は英語圏の人々が英語でも情報発信してほしいということになり、2010年には英文サイトを開設した。

英語圏は、英語を母語とする英国と米国以外にインドやマレーシアのような公用語としている国も加えると15億人の規模に膨れ上がる。こうして彼の弁当箱輸出事業は業容を拡大し、商材も弁当箱からお箸や箸入れ、カップ、風呂敷など、弁当から昼食に関わるアイテムへと広がっていった。そして事業形態を個人事業から法人に変え、京都の目抜き通りに実店舗を出店するほどに成功している。

日本人にとっては、それがコンビニ弁当であれ、駅弁であれ、あるいは職場に持ってきて同僚と一緒に食べる弁当であれ、日常見慣れた光景である。女性同士で、互いのお弁当を見て「わぁ、可愛い！」とほめ合ったり、お母さんが「キャラ弁」をつくって子供を楽しませたりすることはあっても、それが輸出ビジネスにつながるとは夢にも思わないであろう。

日本の浮世絵がフランスの印象派画家に〝ジャポニズム〟として高く評価されたという話はとみに有名で、その意味でも、日本の色彩感覚やデザインがフランス人の感性に響くものがあるのであろう。

今や「弁当（ｂｅｎｔｏ）」という言葉は、そのままの発音でフランスはもとより世界各所で通用するという。

第2章 企業価値を高める外国人就労者

1 中小企業で戦力となる人材
――製造業・サービス業――

本章ではまず中小企業で働く外国人材を具体的に見て行きたい。紹介するのは、中小企業に正社員として採用された大卒の外国人材の様子である。事例数も地域も業種も限られ、到底これらを以て全体の傾向として一般化はできないが、この中から読者の参考となるケースがあれば幸いである。

▼事例紹介①　半導体製造装置部品メーカー　S社
世界進出のとば口に立つS社

神奈川県にあるS社は、半導体製造装置に用いる高性能センサーや温度管理システムを製造販売している。産業のコメと言われた半導体を、一時は日本が世界の頂点に立って供給したものの、読者もご承知のとおり今や韓国、台湾勢にその座を奪われている。

一方、その半導体を製造する装置については、日米の少数の企業がしのぎを削っている。日本では有名大手企業T社がそのうちの1社だが、半導体のサプライチェーンをたどる形で、その主戦場をアメリカやアジアに移している状況にある。

S社はこのT社を主要顧客としていることから、その海外展開に追随する形でアジア、アメリカに進出しつつある。

S社の強みは、やはり「ものづくり」の良さである。良いものを比較的短時間で開発、試作し、顧客に提示できる体制を持っている。この〝良いもの〟とは、単に品質や性能が優れているだけでなく、顧客ニーズのスイートスポットをしっかりとらえた製品ということである。

ニーズさえつかめれば売れる自信

S社は、アメリカの有名な半導体製造装置メーカーの日本法人の紹介を得て、その米国本社と直接対話するチャネルを得た。そこからさほど間を置かず、ある単品の引き合いを得て、試作、量産に進み、信用を積み上げることに成功した。その結果、さらに付加価値の高い構成品の引き合いを受けるまで一気に関係が進んだ経緯を持つ。

最初の出会いからさほど時間はかかっていない。

S社は、顧客の問題点、換言すればニーズの「肝」を語れる人物さえ見つけ出せれば、かなりの確率でそれを満足させる提案力とそれを実現する技術力を持っているということである。

日本語が上手なアメリカ人の必要性

S社はすでに米国法人を設立している。その狙いは前述のT社の米国法人の現地でのニーズに応えていくことにあったが、地元米国企業との新たなチャネルを設け、生のニーズの声を聴きだすことも狙っていた。

この点で期待されているのが日本語の上手なアメリカ人であった。

地元米国企業から半導体製造装置に関する悩みや問題点を聴きだし、その内容を日本側の技術者などに的確に日本語で伝えていくためである。

S社に紹介されたアメリカ人Kさんは、S社の日本本社で会社の理念、使命、ビジョン、企業文化などとともに製品と技術を学んだ後、本社で米国法人との間の英語と日本語の密なコミュニケーションを担っている最中である。

明るく前向きなアメリカ人女性のKさん

Kさんは母国アメリカで学生時代に日本語と日本文化に出逢って、好きになり南山大学に留学している。卒業後、一旦は母国に戻って職に就いたが、どうしても日本での生活が忘れられず、日本での就労先を求めてきた。

わたしはKさんから学んだことがある。

それは初めて彼女を連れてS社の面接を受けに行ったときのことである。

実はS社に向かう途上でトラブルがあってS社にたどり着けず、S社の面接者の方々に最寄り駅まで来ていただいた。

トラブルとは、鉄道会社の自家発電装置が火災を起こし、われわれの目的駅を含む区間が運転を止めてしまったというものであった。タクシーは長蛇の列、路線バスはなく、歩くと1～2時間かといった距離で、しかも真夏の8月であった。

先方に電話を入れ、正直に事情を話したところ、先方から当方が足止めされている駅まで車で出向いていただけるという。

わたしの方は、初面接に遅れるどころか相手に出迎えの迷惑をかけることから「ああ、ついてない」という気持ちが先に立つ。ところが当のKさんは、「こういうトラブルって相手にも印象深く記憶に残りやすいからラッキーですよね」などと笑顔で語るのであった。

日本での留学経験があり、日本語が上手だとは言え、母国アメリカからわざわざ日本に職探しにやってきて間もない状況で、このようなトラブルに遭い、日本特有の8月の暑さの中、リクルートスーツをけなげに着こなしながらのこの笑顔の発言に、わたしはいたく感心したのであった。

結局、この電車のトラブルで周辺の道路も大渋滞となり、S社の方々が駅についたのは1時間以上後で、互いの都合から面接時間は駅の喫茶店で20～30分しか取れなかった。

ところがというか、そうであればこそ先方も申し訳ないと思ったのか、その後、長野にある工場見学への招待と、そこでの役員面接などトントン拍子でS社の採用検討が進み、最終的にKさんは採用となったのである。

まさに「禍を転じて福と為す」を地で行ったケースだが、今振り返ると、それは彼女自身が前向きな姿勢で臨んだからであると感じる。

本心の動揺を表に出さず、明るくポジティブシンキングを口にする彼女の姿勢に学んだ次第である。

互いに一喜一憂するＫさんとＳ社

Ｓ社日本本社にとっては初のアメリカ人社員であり、しかも女性で、かつアメリカから引っ越してくるため、Ｓ社は住まいの手配やショッピングの利便性、通勤の安全確保などにずいぶんと気を遣っている様子がうかがえた。

一方、Ｋさんにとっても初の日本企業への就職であり、それまで勤めていた米国企業におけるビジネスウーマンとして望まれるルールやマナーと、日本企業のそれとがどう違うか、戦々恐々で出社していた。

前述のとおり、彼女には従来から培ってきたポジティブシンキングの姿勢があり、米国の職場と異なる経験をしたとしても、それをマイナスとは受け止めず、それが自分の新たな成長につながるという思いを持っている。

毎月の定着支援面談でも母国との違いを積極的に受け入れようと臨んでいる様子が伝わってきた。

たとえば飲み会である。

わたしの２度の米国駐在を通じても職場のアメリカ人同僚と飲み会をした覚えはない。クリスマスパーティや上司宅でのホームパーティは別として、仕事での関係とプライベートの区別がアメリカでははっきりなされていた。

一方、Kさんが配属された部署は典型的「日本の職場」のようで、パンデミック発生前ではあったが、課や部の単位で彼女の歓迎会が繰り返され、その後も折々に小グループでの誘いがあった。

Kさんは積極的にそれらの「飲み会」に参加したが、日中は寡黙な同僚が時に声を荒げ、時に会社批判や上司批判もいとわないという変容ぶりに当初はかなりショックを受けたようである。

日本のアフターファイブでの無礼講のカルチャーは、彼女の育った職場環境とは大いに異なっていたのである。

手応えを感じているKさん

Kさんは訪日前に、日本で勤めるアメリカ人の友人から日本企業に対する不満を聞いていたという。その1つが、日本企業がアメリカ人を雇用する目的が「会社のステータスシンボル」的なもので、対外マスコット的な役割を担わされ、具体的な業務がないというものであった。

確かに日本では、米国のように職務記述書にのっとってやるべきことがきっちり文書になっている場合は少ない。S社でも、Kさんの職務を特には細かく文書化しておらず、Kさんも当初は多少の心配はあったようである。

そんなKさんに対し、ある時、上司から「米国法人で地元人材を採用する場合の注意点」をまとめるようにとの依頼があった。これに対しKさんは、米国での人事業務の経験とインターネットを使った調査結果を合わせてしっかりした資料をつくり、上司とその上の役員に日本語でプレゼンを行ったのである。米国での求人募集内容と募集方法、採用面接時の禁句、採用後のケアなど、米国と日本の労働法制の違いはもとより、労働慣行、仕事文化の違いも含めてさまざまな視点から説明を実施した。比較的短時間で多くの資料を集め、分かりやすく説明を行った彼女を、上司はもとより役員も非常に高く評価し、早速感謝の〝飲み会（慰労会）〟まで行われたということであった。

彼女は現在、主体的に1年間の活動計画をつくっている。いかに会社のベクトルに沿って貢献しつつ、自分の興味とキャリアにも生きる業務をするか、真剣に考えている。

ちなみに後からわかったことだが、KさんはピアノがLo上手で、あるときS社の食堂にインテリア的に置かれていたピアノを弾き出したら、社員が集まってきてミニコンサートのようになったそうである。それからは社内イベントでも社長や幹部からKさんにピアノ演奏のご指名がかかるようになったという。また彼女はマンガ創作の才能もあり、日頃の上司や同僚とのやり取りの中で感じた日本（人）の面白さ、ユニークさをオチとした4コマ漫画や8コマ漫画を描いている。あるときそれも同僚の目にとまって大受けし、社内報に紹介されたという。

Kさんは S社にとって対米進出はもとより、社内のグローバル化、そして融和（チームワーク）になくてはならない存在となりつつある。

▼事例紹介②　銅合金製品メーカー　Y社

家族主義と海外展開

本書「はじめに」で触れた埼玉県にあるY社は、特殊銅合金の製品を時代の新たなニーズに合わせて進化させ、提供する研究開発志向の製造会社である。

そのアプリケーションは機械から重電、半導体、そしてF1レーシングマシン、電車、航空機といった移動体、さらには国際核融合実験炉といった高度かつユニークな分野におよんでいる。

創業は1941年で、3代目となるH社長は、大手消費財化学メーカーのK社で研究職をつとめたのち、1999年にY社に入社、2012年に代表取締役社長に就任している。H社長はK社在籍中博士号も取得している。

H社長の父で先代社長が長年培ってこられた「家族主義」的社風は、今も社内に広く深く浸透している。実際、本書執筆の時点で、社員の中に親子が5組、夫婦が2組、兄弟が7組（うち2組が3兄弟）もいる。2041年の創業100周年で「3世代の社員」を囲んで祝うことがH現社長の念願であることもその社風を見事に代弁している。

そのH社長は、社長就任時から積極的に事業の海外展開を進め、それに伴い外国人材も同じく積極的に採用している。

わたしが会っただけでも中国人、アメリカ人、ブラジル人、ベトナム人、フィリピン人そしてネパール人が営業部や品質保証部、そして製造現場にも配属されていた。

そんな中でH社長は、ブラジル人で米国留学し、そこから日本にやってきた人物を同社初の海外駐在員として抜擢、2019年にポルトガルのリスボンに事務所を開設すると同時に赴任させている。ポルトガル語と英語、そして日本語ができる彼は、ポルトガルをベースキャンプとしてEU内の顧客を開拓することが期待されていた（その後のコロナパンデミックでリスボン事務所は閉鎖している）。

家族主義とダイバーシティの密接な関係

読者にとって「家族主義」と「ダイバーシティ」とはなじみのない取り合わせと思われるかもしれない。ところがY社を訪れると、家族主義がダイバーシティを機能させていると感じられる。Y社の社員は、日本人だけでも老若男女の多様性に富み、それぞれが各々の能力を会社という名の「家族」のために出し合い、支え合っている。そしてそこに外国人材も新たな家族メンバーとして入っているのである。

家族が目指す「より良い家庭（会社）の理想形」を「家長」のH社長が考え、外部環境の変化とともにそれを適宜アップデートしながら家族（社員）全員と共有してきている。

メンバー一人ひとりの異なる長所を生かしながら、社員と会社の成長を目指すH社長の今後のかじ取りが注目される。

ベトナム人の頑張り

このY社にわたしの会社が紹介して正社員として採用されたT君とNさんはベトナム人の男女で、2人とも新潟の国際大学出身のMBA（経営学修士）保有者である。

T君は寡黙で話し方も朴訥、多くを語らないタイプだが、内に秘めた思いの強さはそれとなく伝わってくる。

たとえば会社から頼まれてもいないのに簿記1級の勉強をしたり、知らないうちに自動車免許を取って、中古車を購入したりと、常に新たなチャレンジをしている様子がうかがえる。

一方、Nさんはインターンシップでこの会社の現場作業を体験したときから次々と改善提案を行い、会社側を驚かせていた。

入社はT君より1年後であったが、配属早々から具体的な生産性改善プロジェクトを任されるなど経営幹部の期待値は高いものがある。

H社長は当方との面談の際に、Nさんに対する大いなる期待を語る一方、T君については「彼は指示されたことをこつこつと行っていることは認めるが、次のステージへのチャレンジが求められる。外国人材であるというだけで認められることはなく、他の社員が納得するような能力を発揮してこそ『さすがT君』と言われる」と成長度に関しては辛口の評価をしていた。

そこで当方からT君に「簿記1級を学習するにしても、現場作業の改善にしても、自分の努力や思い、狙いといったものが会社の利益と具体的にどう絡むのかを日本語で分かりやすく社内に説明できるようになってこそ周りも認めてくれる。とにかくそういった横のコミュニケーションも大切にするように」とアドバイスをしてきた。

T君もNさんも会社の成長ベクトルの方向に合わせて努力していこうとする姿勢は明らかだと思う。ただ、それが会社に伝わるかどうかは本人のコミュニケーション能力や性格に負うところも多々ある。

仮にうまく伝わっていない場合、わたしは定着支援面談を通じた社長への報告や、社長の評価の本人へのフィードバックを通じて両者をうまくつなげることを意識している。

ちなみに、コロナ禍に陥る前の２０１９年末にＴ君と忘年会をした際には、ベトナムにいる両親と兄に毎月送金する様子や、日本で結婚して所帯を持ちたいといった夢などをいろいろと語ってくれていた。

▼ 事例紹介③　高度メッキ処理会社　Ｎ社

ミャンマー生まれのＬさんは、少女時代から読書好きで、家で多くの本を読んできた。あるとき偶然出逢った本に、「日本」という初めて聞く国の紹介があった。

その紹介の中での「富士山」と「新幹線」の記述が特に印象に残り、「いずれはこの日本という国を旅してみたい」と思ったそうである。

Ｌさんは勉強がとても好きで、ミャンマーの大学で化学の学士、修士、そして博士を修了した。

その後、アジアの優秀な人材向けの奨学金プログラムによりフィリピンの大学で修士を得て、母国に戻り、母校の大学で講師となり、若い学生の指導を行った。

そしてついに夢を果たすべく日本に来るチャンスをつかんだ。Ｔ大学の化学工学の博士課程に留学する奨学金を得たのである。

フィリピン留学時代に知り合って結婚したフィリピン人の旦那様とともに来日したのが２０１２年である。彼の勤め先が岐阜となったため、Ｌさんも中京地区の職を探し、三重県桑名市にあるメーカーで職を得た。このメーカーに多く勤める外国人材の人事管理が主な仕事であった。

憧れの日本に居を構えたＬさんは、機会あるごとに日本中を旅行して回っている。北は北海道から南は九州、沖縄まで。その中でも大好きな富士山と新幹線は欠かせないようだ。

一方、仕事についての彼女の夢は、学士、修士、博士で一貫して学び、実験で体得してきた化学工学の知識とスキルを活かした創造的な仕事に就くことである。

Lさんがわたしの会社にコンタクトしてきた時点で年齢はすでに40代と比較的年配であり、またここまで高学歴な人材を中小企業が必要とするのかと悩んだが、当方の過去の取引先をいろいろ検討した結果、埼玉にあるメッキ専門会社のN社が思い浮かび、早速、同社社長にLさんを紹介した。

N社は楽器や貴金属など比較的小型で複雑な形状の金属に金、銀、銅、合金のメッキを丁寧に施すことに成功してきており、その質の高さで評判を呼んでいる。

N社の強みは、メッキの新たな手法、素材、分野への飽くなき挑戦にあり、現状維持を良しとしない社風にある。この点でLさんの知識と実験を通じて新たな発見を目指す姿勢がマッチするのでは、と感じたのだ。

実際にLさんを連れてN社で面接した際には、N社社長はもとより技術部の社員にいたるまでLさんとの会話が弾み（化学だけにケミストリーが合う）、とても良くなじんでいる様子が伝わってきた。

また、生産現場や開発現場の見学でもLさんは極めて多くの質問を投げかけ、理解の深さとともに、自らの研究などを通じ貢献できそうな分野を探ろうとする意図が感じられた。

N社に無事採用されたLさんは技術部に配属され、まずはN社のメッキ技術を知るところから始まり、徐々にN社の将来を担うようなメッキ工程やメッキ新素材の研究開発に携わりつつある。

Lさんの場合、研究者と言っても自分の研究に一人埋没するタイプではなく、周囲に対する好奇心旺盛な態度でコミュニケーションが取れている。疑問に思うことは躊躇せずに周りの同僚に尋ねたり、日常のことで積極的に談笑する姿勢がチームの雰囲気を明るくしているであろうことは想像に難くない。

▼ 事例紹介④　コンサルティングサービス会社Ｎ社

Ｋさんはインドネシアのジャワ島出身の女性である。インドネシア語に訳された村上春樹の小説や日本のサブカルチャーに触れて日本に興味を持ち、来日したのが２０１５年のことだ。まずは富士山に近い静岡の日本語学校で日本語を学び、そこから中央大学に進学、八王子のキャンパスで学生生活を送った。

卒業後は有名な大手ディスカウントチェーンでのインドネシア事業に関わったが、さらなる成長機会を狙って転職を希望、２０２０年の９月からコンサルティングサービス会社のＮ社に勤めている。

Ｋさんはとても社交性があり、コミュニケーション能力に優れている。

上司の日本人の言わんとする真意をすぐにくみ取り、的確な回答や行動を取れている。

また、日本の生活文化や商習慣がインドネシアとは異なることを良く理解し、「郷に入らば郷に従え」を尊重して積極的に日本の文化、商習慣を学んでいる。

電話の応対も、社内の誰も教えてもいないのに「お電話ありがとうございます。Ｎ社でございます」と流ちょうに語り、一方よくある売込み電話に対しては、相手を怒らせない程度に丁重かつスピーディーにお断りするスキルも備えている。また英語も上手で、Ｎ社のＳＮＳを通じた情報発信を英語で頻繁に行っている。

母国インドネシアの特産品であるラタンのバッグを日本に紹介できないかリサーチしたり、逆に日本の高級なハンコを、自らのインドネシアのネットワークを通じて紹介したりと新たなビジネスの可能性にも取り組んだりしている。

さらには「クレージーリッチピープル」という、インドネシアの超大金持ち向けウェブサイトに日本の伝統工芸品を紹介したり、大金持ちの子女教育として日本語教育の可能性を模索する試みを行ったりもした。

もともと外国人材は、自らの判断で日本に来て働いているので、日本人に比べ、主体性や積極性があり、行動がスピーディーだが、Kさんは特にその傾向が強い。

Kさんの場合、それらに加え、任された仕事の目的や狙いをよく考えて、単に指示通りにこなすのではなく、目的本位にいろいろと提案して彼女の上司は大変助かっているようである。日本語も上手だが、社外に出す文章では上司の添削を求める謙虚さも兼ね備えている。好きな日本で実現したい夢はまだはっきりとは見えていないようだが、N社でのクリエイティブな仕事を通じてKさんが日本で自己実現を果たせることを期待している。

2 継続する関係性
――貿易商社、特許事務所――

▼事例紹介①　貿易商社Y社から転職したロシア人B君

モスクワ生まれのモスクワっ子で地元の大学を出て銀行勤めをしていたB君は、子供のころから日本のアニメやゲームになじんでいた。

日本文化をロシアに広めるボランティア活動にも参加したりしていた彼が、たまたまモスクワにビジネスで駐在していた日本人女性と出逢い、交際が始まり、そこからさらに日本人とのネットワークも広がったようである。

その彼女と結婚後、彼女の日本への帰任についてくる形で来日し、日本語学校で日本語を学んだ後、日本企業への就職を始めた。

大学で英語を学んでいて英語を話せることから当初はその語学スキルを活かし、インバウンド向けの小売りの仕事についていた。

午後5時以降にまでおよぶ仕事であったものの、第1子が誕生後、妻の育児休業が終わり、保育園の送迎などで定時に仕事ができる環境を求めて貿易商社のY社に入社したのが２０１７年の3月であった。

夫婦交代で朝の保育園へ子供を送り届けてから出勤したり、夕方、オフィスから保育園に出迎えに行ったりしていた。

Ｂ君はルーチンの仕事があれば、それをきちんとこなすことはできるが、どちらかと言えば自分の興味があることに対し、いろいろと考え、工夫して成果を出すことが好きなタイプである。

入社後早々、Ｙ社のロゴをロシアの友人のデザイナーに依頼し、幾つかの候補を経て、現在のロゴに仕上げたのもＢ君であった。また、同社のウェブサイトについてもＢ君が適切と感じるレイアウトや見せ方に修正し、コンテンツも見やすく整理していた。

次に、Ｂ君が最も主体的に動いていたのが、アメリカ発のポップアップカード[1]の輸入販売事業である。このグリーティングカードが国内の有名なバラエティストアチェーンに採用され、首都圏を中心に複数の店舗に展開できているのはＢ君の熱心な売り込みのおかげであった。

アメリカから新種のデザインの情報が入ると見やすいカタログを作って各店舗の担当に紹介したり、定期的に店舗を回って品揃えを確認しつつ店舗担当から売れ筋などを聴取し、仕入れに反映させたりと頑張っていた。

また日頃からこのアメリカのサプライヤーとはＥメールやスカイプで連絡を密にし、米国出張もして人脈を形成していた。

日本とロシアをつなぐ

Ｂ君は、彼の母国ロシアと日本をつなぐさまざまな貿易のビジネスチャンスも狙っていた。

ウラジオストック沖での白ミル貝を中心とした海産物の日本や中国への輸出、日本のカラーリングシャンプーのロシアへの輸出、日本のけん玉やガチャポンの輸出といったさまざまな可能性にチャレンジしていた。

さらには、知人から紹介を受けた日本人やロシア人のパートナー候補から持ち込まれた案件を積極的に調べ、実行可能性の判断を自ら行っていた。

その中には、ドローンを用いたプログラミング教育一式をロシアの新興企業から日本のドローン運用・教育会社に紹介する案件なども含まれていた。

B君は自己研鑽も積極的に取り組み、アジア最高峰の呼び声が高いグロービス経営大学院に毎週夜間通学していた。その結果、成績優秀で、授業料免除となるMBA取得コースを受けられることとなったことから、Y社を離れ、集中的に学習することとなった。

B君は無事このコースを満了し、MBAホルダーとして大手の保険会社に就職が決まったが、その後もY社での元上司との関係は良好に続き、有益な人脈や情報の交換を行っている。特にB君がY社で注力していたアメリカ製のポップアップカードの展開にはいまだ興味があるようでいろいろとアドバイスを送っているようである。

▼ 事例紹介② 貿易商社兼人材紹介サービスW社から転職したマレーシア人Cさん

Cさんは中華系マレーシア人女性で、ちょっと見は日本人と変わりない。

マレーシアで音楽関係の学校を出てからW大学の国際教養系の学部に留学、2018年3月に卒業してから少し間を空けて同年10月にW社に入社した。

中華系マレーシア人のコミュニティでは、大学生になると、地理的に近いオーストラリアに留学させる家庭が多いという。ただ、昨今はオーストラリアでの授業料の高騰や、１９８０年代に「ルックイースト政策」を進めたマハティール首相が92歳でまた首相に返り咲いたといったこともあり、日本留学のプライオリティが上がっているようだ。

もともと日本文学に興味があり、村上春樹や東野圭吾の小説などを原文（日本語）のまま読みたいという夢を持っていたCさんにとっては、日本留学は悪い選択ではなかったようである。

読書と手芸という女性的な趣味とは別に、学生時代には津軽三味線クラブに入り演奏をしていたというアクティブな面もある。

入社後の活動

Cさんは入社後、会社の顧客と業務内容を一つひとつ着実に覚えていき、あわてず、騒がず、淡々とマイペースで仕事をこなしていた。

徐々に彼女らしさが出てきたのが持ち前の語学力を発揮できる仕事からであった。

中華系の家庭なので、自宅では中国語のなかの広東語で会話をするものの、学校や友人とのコミュニケーションは英語で、彼女にとっては英語が最もストレスなく自己表現できるという。他に、もちろん日本語、マレー語、そしてマンダリン（中国語の標準語）の計5つの言語を流暢にこなす。

語学力を生かしたW社での最初の仕事の場面は、英語を話さない台湾人技術者と日本の顧客との間の通訳であった。入社早々で、商品知識や顧客に関する知識すら乏しい状況のぶっつけ本番で対応したそうだが、日本側、台湾側双方の顧客には満足していただいたようである。

その後、日本の顧客からドイツのサプライヤーに対する質問やリクエストを英語に訳して伝え、その回答を英語から日本語にしてお伝えする頻繁なやりとりを担当するようになってから彼女の真骨頂が発揮され出した。

Cさんの前任者の日本人男性の場合は、用件のポイント（目的、期待値など）のみを手短に誤解なく伝えることが電子メールといったビジネスコレポンの要諦であるとの認識から、日本語であれ、英語であれ、素っ気も味気もないビジネスライクなやり取りをしていたようである。

それがCさんのメッセージには気持ちのこもった挨拶や季節の時候があり、時に絵文字も交え、内容がカラフルであり、ドイツ人のサプライヤーも日本人の顧客も、彼女とのコレポンのやりとりに彩《いろどり》や楽しみを感じているように見受けられた。

また、W社が日本の中小企業の顧客に紹介した外国人材との入社後の様子を確認する面談において、Cさんは、日本語であれ、英語であれ外国人材との面談での司会を、相手にストレスを与えずにスムースに行っていたという。さらにはその面談内容のメモの作成なども、その面談が英語であれ日本語であれ、上質な内容のものをタイムリーに日本語で作成していたそうである。

そして日本語の英訳を頼まれれば、独特の文学的な言い回しや修辞が出てきて、頼んだ上司の方が辞書を見ないと意味がわからないものもあったりしたという。

それもそのはずで、彼女の夢は小説家になることで、言葉や表現を元々大切にする優れた文学的感性を持っていたのである。

Cさんは、すでに、自分の作品の発表のための個人のウェブサイトを持って、そこで英文のショートエッセイなどの作品を発表していた。ただ、日常の業務の片手間ではしっかりした作品ができないということで、母国に戻って日本での経験を題材にした小説を執筆すべくW社を２０２０年１月に離れたのである。

ところが、その数か月後、日本でコロナウィルス感染症が拡大し、母国でもその感染が急拡大して帰国がままならない状況が今日まで続いている。その間、自前の語学力と文章力を生かし、外国人旅行者向けに日本の景勝地などを紹介する英文のガイドブックを作成したりしていた。ただ、さすがに定職がないと在留資格を維持できないことからW社の元上司に依頼して彼女の能力が生かせる就労先を紹介してもらうこととなり、神奈川県のメーカーでの就労が決まった。

現在、Cさんは、W社の支援も受けながらこのメーカーの米国はもとより中国、台湾などへの展開を徐々に支援しつつある。

▼ 事例紹介③　特許事務所S社から転職した中国人Eさん

新宿に本社を置く特許事務所のS社は、日本の自動車企業のアジア進出に伴う現地での知的財産権登録や特許・商標権侵害に伴う訴訟などのニーズの急増に対して、積極的に外国人材の採用を進めていた。特に一大市場の中国を重視し、わたしが数年前に同社のS社長を訪問した際には、早稲田大学理工学部修士課程卒業の中国人女性Eさんを採用していた。

S社はEさんの入社後、彼女に日本での弁理士資格を取らせるべく、会社の費用で教育研修を施した結果、Eさんは晴れて弁理士資格を取得、日本の顧客とともに中国に度々出張し、数々の案件を手掛けることとなった。

ところが数年して，彼女の方からS社に対し退職願が出て，母国に戻るという。よくよく尋ねると母国で特許事務所を立上げ独立したいという。

S社長としては，Eさんに金と時間を注ぎ込み，ようやくこれから収穫というときに辞められてしまうことに憤懣やるかたなかった。ところがしばらく考えてみると，彼女の作る中国の特許事務所とS社が一対一の提携関係を作ることで日本の顧客に対してS社が都度出張して対応するよりもシームレスに日中間の一貫したサービスを提供することが可能となることに気づかれた。

さらには，中国から日本に進出しようとする中国企業に対する仕事も取り込めるのではと気づき，途中からEさんの夢を応援するようにした。

結果は，S社長の思惑通り日中間の知的財産権ビジネスを予想以上に享受できているようである。

そういった意味で，外国人材の退職後も関係を保ち続けることは会社のさまざまなビジネスネットワークの発展にも十分に寄与する可能性が高いと感じる。

3　技能実習生の役割
――中小企業での位置付け――

本書ではもっぱら大卒で，日本語の上手な外国人材を中小企業のホワイトカラーの正社員として採用し，育成・活用することをテーマとしているが，中小企業ですでに就労している外国人材の中にはいわゆるブルーカラーの仕事を行う技能実習生が多くいる。

技能実習生事業は国の事業で、実習生は基本的に途上国から来日し、一定期間内に日本で技能を習得した後、母国に戻ってそれを活かすことが期待されており、日本政府の立ち位置は途上国支援である。力作業を含めた現場労働力不足の日本のニーズと、途上国での大家族の生計支援のための若者による比較的短期の外貨稼ぎのニーズとが合致している事業といえる。

▼社内で可愛がられる存在の技能実習生

埼玉県の印刷・製袋業のN社ではベトナム人の技能実習生を3名採用し、夫々に製袋や印刷に関わる機械を割り当て、その操作前の準備から、操作、操作後のケア、そしてメンテナンスや修理といったことを学んでもらいつつ、徐々にその機械担当として独立してもらうよう育成してきている。

大卒の留学生と異なり、必ずしも日本語をマスターしているわけではないことから、就労当初は基本的なことを含めて社内のコミュニケーションには苦労したようである。

ただ、3人とも、とにかく挨拶がしっかりでき、まじめで、勤勉、熱心な態度はすぐに日本人社員に伝わった。言われたことを素直にかつ一生懸命果たそうとする姿勢や、すぐに周りの人を手伝おうとする態度などが際立つ3人は、社内で大いに可愛がられ、日本人社員にも良い刺激を与えている。そして2年目に入ると、各担当機械の生産高では社内のトップ5に入るほどの貢献を果たしているという。

そこでN社の社長は、彼らのノウハウを〝見える化〟すべく、機械の運用・整備マニュアルづくりに挑ませた。

まずは簡単な日本語で書かせ、それを先輩が添削し、その後、ベトナム語にした。これにより今後またベトナムから実習生が来る場合には作業マニュアルとなるとともに、N社の社長が長期的に目指すベトナム進出の際の現地スタッフへのマニュアルとして活用するといった可能性も考えられる。

N社に限らず、外国人技能実習生が入社したての頃は、コーチ役の日本人の先輩や同僚から手とり足取りの業務指導を受け、ＯＪＴで学ぶしか術はない。

一方、継続的に外国人材を採用していくようになると、それまでの試行錯誤の苦労や夫々の外国人材が気づいた業務に伴うノウハウ、教訓といったものが積みあがってくるであろう。それらを英語や母語でまとめ、マニュアル化しておくことで後輩の外国人材が入社した際に、習熟の効果が大いに高まることになる。

また、そのマニュアルを日本人同僚と協働で都度更新していくことが社内の日本人社員とのコミュニケーションや相互理解の深化につながる。さらには、そのマニュアルは、当該企業がいずれ海外に進出する際の現地雇用スタッフにとっての教材となる可能性もある。

▼母国に帰国後の技能実習生の活躍

前述の通り、技能実習生制度の建て付けは、ＯＤＡを通じた海外支援であり、日本で３年ないし５年の期間で就労し、特定の技能をマスターしたのちは母国に戻ることが前提となっている（ただし、２０１８年末に入国管理法の法改正があって、特定14業種に関しては特定技能１号および２号という新たな在留資格ができ、日本で永続的に就労できる道も開かれている）。

ここでは、わたしが２０１９年に公益財団法人国際人材育成機構（アイム・ジャパン http://www.imm.or.jp/publicinformation.html）から伺った外国人技能実習生の母国帰国後の活躍のお話を披露したい。

技能実習生の場合、３年ないし5年間、もっぱら農協や漁協、建設現場はもとより中小企業で働いた後に母国に帰国する。

帰国後は日本で習得した技能や知識、そして日本語力を活かし、母国に進出している日本企業に就職するケースや、他の外資系企業への就職、あるいは地元企業に就職するケースがある。一方、そうした技能や知識、日本語力を活かした業務を行う会社を自ら起業するケースも出ている。

アイム・ジャパンの『羽ばたくアジアの若者たち——技能実習生と受け入れ企業の25年の歩み』と題した記念誌の中で紹介されているだけでもインドネシア人実習生で15社、タイ人実習生で11社、ベトナム人実習生で10社の起業家社長が紹介されている。

さらにこの記念誌には各国で実習生出身の「社長の会」が結成されていて定期的にネットワーキングのイベントを開催している様子が紹介されている。

元実習生が社長を務める各企業の活躍は、さまざまな分野におよんでいるが、もちろん日本と母国の間をつなぐものから母国に進出している日本企業向けのサービスを提供するものまで、いろいろある。

タイの「アイム・ジャパン帰国実習生社長の会」会長は、「日本で身に付けたもので役立っていると感じることは」との質問に次のように答えている。

「やはり、日本文化と日本企業の習慣を学べたことだと思います。たとえば、お客さんから突然無理な注文や依頼が入った場合、タイ人であれば、その場で断るケースがほとんどでしょう。しかし日本人は、すぐには断らず、何とかならないか考えようとする。無理な依頼でも一度持ち帰り、検討し、最終的に何とかしてしまうのが日本人のスタイルですよね。いわゆる、一度できたつながりを大切にし、そのつながりをできるだけ保とうとする。この習慣こそが日本にあってタイにないものだと思います。日本で得たこの知識は、今の自分の仕事においても大いに役立っていると思います」

インドネシアの社長の会（インドネシア研修生実業家協会）のイベントには５５００人もの人々が集い、またタイの社長の会ではＳＮＳで４００人程度の技能実習修了生が連絡を取り合っているとのことである。技能実習生を見る日本人、特にメディアの視点には、「出稼ぎ労働力」、「失踪や犯罪の問題」、「３Ｋ／酷使」といったネガティブなものが多いが、上述の通り、日本で身に付けたものを母国で生かしているポジティブなイメージを持つことも大切だと感じる。特に、実習生を受け入れる企業は、彼らを3年ないし5年の「期間限定の単純労働力」として見るのではなく、彼らが母国に戻ったあとも関係を保ち、その国との取引を行う際のサポートや拠点づくりの一翼を担ってもらう候補となり得ることを意識したいものである。そして、日本の商習慣の教育など「育成」にも力を入れるべきと感じる。

注

（1）開くと立体的なオブジェが飛び出てくるグリーティングカード。

コラム

ビジネスの眼② 越境するオンラインショッピング
――日本製品の良さを海外に伝える――

わたしは、中堅・中小企業の海外展開を支援する立場から、年に数回は海外出張し、顧客企業と展示会に参加し、海外の顧客候補と出会ったり、地元の販路を開拓してくれたりする代理店候補を見出すといった活動を行っていた。

ところが、2020年に入って新型コロナウィルス感染症の影響で海外出張ができないどころか、展示会自体が開催されない事態となっている。かりにどこかの国で展示会が開催されることになっても、日本企業の方が感染リスクを懸念し、出展を控えることになる。

また、2019年には3000万人を超えたインバウンドの海外からの旅行者の需要も、コロナの影響で蒸発してしまっている。

いずれのケースにおいても今求められているのはオンラインを通じた英文や中文での国内製品・商品・サービスの情報発信と、海外からオンラインで引き合いや注文を受けたり購入ができたりする越境ECサイトの構築ではないかと思う。

もちろんアマゾンやeBay、あるいは中国のTmall（天猫）といった既存の大手オンラインショップに店を出すことでプレゼンスを築くことは可能である。ただ、ある程度名前が売れていないと多くのショップの中でうずもれてしまい、経費負けしてしまう可能性もある。

かりにそういったビッグネームのショッピングモールで海外の顧客がたまたま日本製品を

知ったとしても、そこですぐには購入せず、まずその製品の背景や関連情報を検索しようとする可能性がある。その際に、その製品の会社の英文サイトや中文サイトのコンテンツが充実していないとそのあとの購買行動に進まない可能性もある。

この、海外向け情報発信の点で、第1章のコラムで紹介した、弁当箱の越境ECサイトをつくったフランス人のように、外国人材の力が効果的に発揮されるとわたしは考えている。

経済産業省が発表している2019年度のアメリカと中国のオンラインショッピングの市場規模は、それぞれ65兆円と212兆円[1]で、日本（12兆円）の5・4倍と17・7倍である。

この桁違いの規模の市場向けに行うべき情報発信のやり方や製品・サービスの説明における動画などの可視化のテクニックは日本人向けのそれとはかなり異なってくることは想像に難くない。

そもそものウェブサイトの機能や見せ方といった顧客の感性を刺激する部分は、米国では常に進化している。

そういった最新技術を用いたサイトに慣れているアメリカ人の消費者やB2Bの顧客候補企業にとって、日本のウェブサイトの英文サイトが、日本語の単なる直訳のままではなかなか興味を持ってもらえないであろう。

このコラムでは、日本留学で日本のカルチャーを深く理解するアメリカ人男性D君のことをご紹介したい。

彼は、最新の米国オンラインショッピングサイト技術を基盤としつつ、日本製品の良さを欧米人にアピールするオンラインショッピングサイト（越境ECサイト）を構築する能力にすぐれ、かつ日々の運営（顧客との受発注、入金、出荷管理など）をお手伝いする仕事をしている。

D君はW大学の国際教養系学部で学び、日本語も堪能で、日本人以上に日本文化を学び続けている外国人材である。

住まいはカリフォルニア州の州都サクラメントだが、訪日のチャンスがあれば、その都度日本文化の薫る地を飛び回る。

日本三大景勝地[2]はもとより、四国巡礼八十八ヶ所巡りや、屋久島の縄文杉などは早々にクリアしている。

彼は現在の自分の会社で電子商取引向けのサービスを提供する以前に、サクラメント市の職員として同市の市民向けウェブサイトの構築、整備を任されていた。

もともとグラフィックデザイナーの素養のあった彼が、このウェブサイト構築の仕事を通じウェブマーケティングのさまざまな知識とスキルを身に付けていったようである。

彼の芸術的センスの源となるインスピレーションはどうも東洋の方にあるようで、日本や中国の自然、伝統、文化を愛している。そのため、折々に日本や中国にやってきて地方を回り、地場の伝統、文化の息吹を吸いこんで帰っている。

前述のとおり、彼はW大学の国際教養系学部を出ており、日本の知己を多く持っていた。

そういった背景もあって、日本の友人が始めたヨーヨーの越境ECサイト構築が彼にとっての日本向けビジネスのスタートとなった。

ヨーヨーの仕事では日本国内向けと米国向け、そしてそれ以外の国々向けの3種のサイトをつくっている。

彼がサイトつくりで注力したのは顧客にとって操作しやすい機能性とともに、サイトを訪れるビジターの関心を呼び込む質の高い写真や動画へのこだわりであった。

サイトのテンプレートは米国発のウーコマー

スというフレームで、そこにコンテンツを組み込んでいく作業である。

結果としてこのサイトが成功し、売上もかなり上がり、対応する顧客数や商品在庫の規模が大きく高まったことから、Ｄ君は最近このサイトを、より高性能・多機能で大規模な取引対応が可能なマジェントというフレームに移し替えた。

ここでわたしが強調したいのは、Ｄ君だけが特別なのではなく、彼のような日本文化をこよなく愛し、日本と海外のブリッジとなり得る外国人材は結構存在するということである。

問題は日本の情報発信にとって貴重なそういった外国人材とどう知り合い、採用し若しくは協働していくかだと感じる。

注

（1）為替レート１１０円／ドルで換算。

（2）天橋立、安芸ノ宮島、松島。

第3章 選ばれる企業
——外国人材の採用と定着の課題——

本章では、外国人材を採用しようとしたものの、うまく採用できなかったり、採用はできたものの、思った通りには活用できなかったりした中堅・中小企業の事例を紹介する。

外国人材の採用・育成・活用では日本人のそれとは異なる課題を感じるかもしれない。しかし、そこに会社の新たな成長の可能性があるかもしれないと考え、読者の参考としてご紹介する。

1 選ばれなかった企業
——暮らし・価値観から考える採用条件——

▼事例① 特殊抵抗器メーカー　Ｉ社

教訓：勤務環境に関する事前調査と外国人材への事前打診の必要性

モロッコ人のＭ君は控えめで、一見おとなしいタイプの男性であった。

彼がM大学で電気学科の修士を習得中、わたしの務める会社に求職でコンタクトしてきた。彼との面談で希望職種などを聴取した後、結果的に彼を秋田に本社のある特殊抵抗器メーカーI社のエンジニア求人募集につなげることに成功した。

このメーカーはハイテクベンチャーで有名なイスラエルに親会社のあるテクノロジーニッチな会社であるが、急速な業容拡大の最中で人手不足のようであった。

I社との一次面接は人事部長の女性が秋田本社から東京オフィスに出張した機会に都内にて行った。I社でのエンジニアリング業務では、イスラエルの親会社とのコミュニケーションは英語で、工場内の会話は日本語でという環境に対応することが求められていた。

M君は母国語のフランス語やアラビア語に加え、英語、日本語も問題なく、前述の一次面接では人事部長に大層気に入られ採用話はトントン拍子に進んだのであった。

そこで最終面接を兼ね、秋田本社までM君を出張させることとなったのである。

秋田のI社本社の最寄り駅までの電車移動の段取りまでを当方で行い、出張はM君1人で行ってもらい、当方は吉報を待っていた。

ところが翌日になってもM君から連絡がなく、やむなく件の人事部長にコンタクトしてみた。すると彼女曰く、秋田の最寄り駅で彼をピックアップしてから本社工場に向かう途中でM君のモチベーションがみるみる下がるのがわかったという。

本社工場は駅から車で40~50分もかかり、公共輸送機関のない人里離れた地域にあるとのことで社員は皆、自家用車で通っているという。

東京に居住し、都内の大学院に通学していたM君にとって、このロケーションは想像を超える寂しさだったようである。運転免許がないことも相まって、彼のＩ社就職に対するモチベーションが一気に下がったのであろう。その結果最終面接もまったく盛り上がらず、双方納得ずくの上、今回は縁がなかったこととなった。

人事部長にうかがうと、現在の社員は地元・秋田出身の方がほとんどとのことであった。日本の地方文化に惹かれる外国人材は多々いるものの、留学や就労で都会の生活に慣れている外国人材にとっての地方勤務については、通勤アクセスや通勤手段、そして生活環境に関する事前調査と外国人材への事前打診が必須であることを教訓とした。

▼事例②　広告代理店企業　Y社

教訓：　見た目の「ガイジン」でなく、あくまで「多様性価値」を求めるべき

「見てすぐに外国人材とわかる、できれば白人で金髪の若い女性を」とのご希望を受けたのは、中堅の広告代理店企業Y社からであった。

同社のM社長は１人でこの会社を立ち上げ、自前のテレビ番組を編集することで広告主を積極的に勧誘するというユニークなビジネスモデルで成功していた。

さらにはその広告主で名の通った経営者やテレビ番組に登場する有名人を求心力とした経営塾も運営していた。

M社長のとどまるところを知らないアイデアと、人脈の広がりを新たなビジネスに生かすバイタリティーはとても印象深く、わたしも感服していた。

そのときのM社長の外国人材起用の狙いは、海外展開というよりは社内変革にあった。「日本人だけの職場環境で、顧客も日本人だけというワンパターンの状況のままで、将来のY社は大丈夫なのか」、というのがM社長の問題意識であった。

メディア業界もグローバル化が進み、顧客の視野もどんどん広がっているなかで自分たちはこのままで良いのかという意識である。

見るからに日本人ではないスタッフを社長秘書として雇い、行動をともにすることで社内全体に「変化の必要性」を訴求していきたい、というのがM社長の狙いであった。

そこで、「エグゼクティブセクレタリー」というタイトルで募集をかけたところ、スウェーデン人、インド人、アメリカ人など10人以上の女性の応募を受け、面接を重ねていった。

M社長の目にかなった候補者は少なくとも3名いたが、すべて最終面接の段階で相手側に辞退されてしまった。

それぞれに理由はあったとは思うが、外国人材の立場から見てY社のスタンスに何か懸念があったのであろうことは間違いない。

今振り返って冷静に考えると、面接に臨む際の心構えや採用目的などについて、次のような問題や準備不足があったと言わざるを得ない。

①Y社側が意識したかどうかは別にして、外国人材に対し若干「上から目線」の態度があり、女性の権利意識や対等でフラットな関係を尊重する欧米人候補者にとって抵抗感があった。
②採用側の都合ばかりで、相手（外国人材）に、具体的にどのように活躍してもらうか（職務記述書）、なぜ外国人材が必要か（期待値、狙い、目的など）、どのように育成し成長してもらいたいか（キャリアパス）などについて尋ねられても即答できなかった。

Y社以外でも残念なケースとして散見されたのは、面接では相思相愛で良い感じで進んだものの、最終的な雇用条件の提示までに時間がかかる中で、先に他社の内定が出てしまう事例や、賃金条件で、候補者の職歴・実績や学歴（修士やMBA）は尊重されず、日本の大卒新人と同じレベルからスタートしなければならないという条件提示に対し、そのあたりをプラスに評価してくれる外資系などに候補者が流れてしまうという事例であった。

これらは必ずしも外国人材に限った話ではないであろうが、おしなべて外国人材の方が、在留資格の手続きを進める必要などもあってか、早期の内定を出す会社や、学歴・職歴を評価してくれる会社を選択しがちといえる。

2　慣習と文化が阻む定着

▼事例①　難削材加工メーカー　E社

教訓：違いを理解し、コミュニケーションに手間をかける

トヨタ生産管理システムに目覚めたY君

Y君はパリのエアショーで有名なフランスのル・ブルージェ空港から少し離れた町に暮らしていた。子供のころに知り合いから「日本の面白さ」について聞かされていたので高校生の時に夏休み留学経験の機会があった時には迷わず「日本」を留学先に選んだ。

その結果、埼玉県の高校への交換留学が決まり、ホームステイ先から通学する日本の生活を満喫した。その「日本好き」は大学に入っても冷めるどころか募る一方で、学科として生産工学を専攻、そこでトヨタ生産管理システム（TPS）を自分のライフワークとすべく学習している。

卒業後は母国フランスのコンサルタント企業に入り、TPSを活かす形でクライアントの生産性を高めるコンサルテーションを行っていった。大口のクライアントの中にはフランス陸軍やフランス国内の大手病院もあったという。前者は軍人や職員の給与および福利厚生手続きの効率化を、後者は診断・治療の生産性を高めることが顧客のニーズであった。

いずれも「製品」を扱ってはいないが、前者では組織から個人への支払いや個人から組織への申告作

業を、後者は診断から治療までの流れを「インプット↓処理↓仕掛かり↓完成↓アウトプット」と見立てて、ＴＰＳを適用し、生産性向上の成果を上げている。

難削材加工輸出で急成長するＥ社

Ｙ君が初めて日本で勤めることになった会社は、栃木県にある金属の難削材加工メーカーのＥ社である。

世界でもごくわずかな企業しか行えない加工技術をＥ社が持っていたため、欧州のエアロスペースメーカーの目に留まり、直接契約で大量の加工を長期にわたり進める大型受注に成功していた。

この会社は創業から短期間のうちに大規模受注をしたため、新工場建設から加工機械、試験装置の導入などの設備投資、そして人員採用を一気に進めていた。

そのため会社としての組織管理体制はもとより、工場の生産管理面での組織体制づくりと制度化を図る最中にあり、特に生産管理の点でＹ君の活躍が期待されていたのである。

日仏異文化コミュニケーション

Ｅ社技術部門に配属されたＹ君は、自ら工場のフロアに降りて行ってその時点での問題点を把握し、現場の「カイゼン」につなげるアイデアや提案を矢継ぎ早に出していった。

一方、外国人材がフロアに来る理由を十分には聞かされていなかった、あるいは理解していなかった生産現場では、当初、戸惑いや、不満を隠さない人もいたようである。

そのような状況のY君との毎月の定着支援面談を通じて見えていたのは、典型的な異文化コミュニケーションの問題であった。

無論、彼の日本語の理解力、説得力がまだ十分ではないことに起因する問題もあったが、やはりお互いが育ってきたバックグラウンドの違いに対する戸惑い、お互いの異文化理解不足からくる意思疎通の不全感をわたしは感じた。

ただ、夫々の違いの背景や理由を知り、良く理解できれば、互いの異なるところも苦痛ではなく、「そうなんだ」「なるほど、面白いね」といった好奇心や敬意の対象となり得ると感じてはいた。

逆に、相手の異なる考え方や行動パターンの良いところを自分に取り入れることでワンパターンを脱し、思考にバラエティーを与えることも可能になるはずである。

日本人社員も日々の忙しさに流されず、異文化に興味を持ち、理解しようとする余裕ができると、自分自身はもとよりチームのオープンな雰囲気（風土）につながるのでは、と感じる。

Y君のラインの幹部役員はトヨタ出身で海外経験も豊富であることから、わたしが提出するY君との定着支援面談メモの内容を良く理解いただき、Y君の不満や懸念への対応を社内で取っていただいた。また、Y君がもっと理解すべき日本のビジネス慣習や社内ルールについてはわたし経由でY君にフィードバックするなどして双方のギャップを縮めていった。

異文化理解力

異文化理解に関する比較的最近の著作『異文化理解力』（エリン・メイヤー著、英治出版、２０１５年）によると、ビジネスカルチャーを構成する８つの項目での日本とフランスの違いは以下の通りとなる。

１．コミュニケーション

日本：ハイコンテクスト（共通文脈、非言語表現）が求められる最右翼

仏：ハイコンテクストとローコンテクストの中間。日本にとってはかなりローなので言葉と論理で伝える必要あり。

２．評価の仕方（苦言を呈する場合の伝え方など）

日本：最も間接的で最も気を遣うグループ。叱るときは人前でなく一対一で。

仏：率直に、単刀直入に正直に批判する。気を遣うことはむしろ不誠実。衆前で批判してＯＫ。

３．説得の仕方

日本：応用優先（帰納的思考）。個別の事実から普遍的な結論へ至る思考の最右翼。

仏：原理優先（演繹的思考）。一般的原理や概念から結論や事実を導く思考の最左翼。

４．秩序・リーダーシップ

日本：階層主義的。序列に基づく対話とリーダーシップ。役職・肩書重視。

仏：日本よりは平等主義的（フラットな組織、ファーストネームの関係）

５．決断・意思決定

日本：稟議に見られる関係者合意志向の最右翼。時間はかかるが決定後の行動が早い。

仏：決定は権限者個人がトップダウンで下すので早いが、決定後変更があり得る。

6．信頼関係のつくり方

日本：日中（仕事）だけでなく飲み会を含めた個人的時間共有を通じて築く。

仏：日本よりは仕事の時間のみで信頼関係を判断。ただし、欧米の中ではかなり日本寄り。

7．会議での意見・異論のぶつけ方

日本：表立った異論・反論は調和を乱すので回避しようとする傾向の最右翼。ストレートな反論は人間関係に悪影響をおよぼすと考える。

仏：見解の相違や討論はチームにとって有益で必要と考える最左翼。意見のぶつかり合いは人間関係に全く影響をおよぼさない。

8．スケジューリング（時間厳守度合い）

日本：しっかりした予定に基づく組織行動。時間厳守。

仏：日本よりは若干時間厳守に対し柔軟な姿勢。

Y君の現状

残念ながらY君は入社1年弱で母国に戻ることとなった。

仕事以上に生活面での問題があったという。乾燥に弱いY君の肌に、連日乾燥注意報が出る日本の、しかも栃木の冬は加湿器を買っても耐えられない異変をおよぼしていた。

Y君は英語がうまく、彼の上司も海外経験豊富で英会話力があり、かつTPSの理解力も深い方なので、彼の仕事上の不満や懸念点はうまく受け止めていた。また、E社の人事部長もY君のニーズに良く対応してくれているとＹ君自身、わたしには度々語っていた。

それでもＹ君は、社内のコミュニケーションや制度に関しては異文化の壁を感じていたことも事実である。

また、「残業」に対するカルチャーギャップもあった。工場全体の生産性を、ＴＰＳを通じて高める立場として、「時間」という貴重な資源を有効活用すべきと感じていたのだと思われる。

前述の日仏ビジネスカルチャー比較でいえば、フランス人（Ｙ君）は原理や理想、あるべき姿を持って仕事に臨む傾向があるのに対し、そもそもＴＰＳが現場から生まれたように、我々日本人はまず現場になじみ、現場から組織に貢献していくというボトムアップの傾向があり、異文化コミュニケーションの壁を感じやすい構図であったかもしれない。

コロナ禍前にＹ君と忘年会を行ったことがある。

お酒が入っていろいろと本音を出して発散してもらおうと思ったのだが、さすがフランス人で最初から赤ワインを飲み、それほど崩れることもなく淡々と理路整然と語っていた。特に愚痴や強い不満も出ず、むしろ途中からガールフレンドの日本人女性を招いて盛り上がり、「ちゃっかりしてるな」という印象であった。

異文化から学ぶ姿勢があるかないかの大きな違い

わたしの印象では、前述の日仏ビジネスカルチャー比較には少し誇張があり、実際Ｙ君のように日本が好きで日本に来るようなフランス人には、「日本」寄りの傾向があると感じている。

とはいえ、外国人を受け入れるわれわれ日本人側が上述のような「違いの傾向」を認識しておけば、「日本人と異なること」への不信や不満よりも、「異なることへの興味、好奇心」といった学習姿勢を持ち、互いの成長の空間を広げていけるのではと期待する。

例えばフランス人のカルチャーに学ぶ姿勢であれば、「感情的にならずに議論・異論を通じて組織の創造力、革新力、柔軟性を高める」という特長も少しずつ身につくかもしれない。

ちなみにE社はその後またフランス人を1人採用し、セールスやプロジェクト管理を任せている。

▼事例② ハンコチェーン店　M社

教訓：　社長の外国人材採用の意図をいかにしっかりと現場に伝えるか

ドイツ人女性Sさんは日本語と日本文化に興味を持ち、ドイツの大学を卒業すると、一路日本を目指し、A大学で日本語と日本文化を学んでいた。

彼女は日本語の音感や表現の豊かさが好きになり、A大学を卒業するころには日本語を使った仕事に就きたいと強く思い、求職してきたのである。

当方で打診した結果、ハンコのチェーン店M社のオーナーから虎ノ門にある店舗の店長を紹介され、まず試行期間でショップ販売員として勤めることとなった。

このショップは、印鑑を扱うとともに、霞が関が近いことから官公庁の名刺や印刷物、看板、銘版などの印鑑以外のニーズにも積極的に応えていくワンストップ店として繁盛しており、常に人手不足の状況にあった。

Ｓさんは、以前ドイツでアルバイトのショップ店員の経験もあったことから、接客業務にはある程度自信を持っていた。ただ、Ｍ社のショップでは当然ながら電話対応から来客との対面応接まで全て日本語であり、また印鑑や名刺に表現される日本人の姓名も多種多様であることから入社当初の彼女の苦労や緊張は並大抵のものではなかった。

それでも先輩店員の指導を素直に受け、また教えられたことをノートに英語でマニュアル的に書き留め、復習するなどして徐々に慣れていった。

定着支援面談でも、月を追うごとに自信が積みあがる様子がうかがえた。「こんなことができるようになった」「顧客とこんな風にやりとりができた」などと、できるようになったことを語り、自分で自分を褒めていた。

一方、不満もあった。「上司が系統だって教えてくれない」、「上司から、仕上がりがＮＧと言われても、何がどう悪いのか教えてくれない」「できたことへの評価がない」など。

定着支援面談のあと、わたしは機会をつくって彼女が務めるショップの店長と面談し、彼によるＳさんへの評価を尋ねつつ、それとなくＳさん自身の不満のフィードバックも行った。

彼によるＳさんの評価は、「勤務態度はまじめで、それなりに頑張っている」が、「日本人店員と比べるとまだ××が遅い（下手）」「接客対応が今ひとつ消極的」といったものであった。きわめつけは、「そもそもなぜ外国人を使うのか、自分はよく聞かされていないので……」といった戸惑いの気持ちを語っていた。

この店長はとてもやり手で、顧客第一、接客第一を地で行っており、来店客が扉を開ける瞬間に奥の席から駆け付け、普段より1オクターブ高い声で「いらっしゃいませ！」と寄り添う姿が印象的である。確かにこの店長の理想形と比べられると日本人店員ですら不足は否めず、ましてドイツ人で新米のSさんの足りない面が目立つのであろう。

そもそもなぜ外国人材を採用するのか、その狙いや目的を明確にし、それに向けて期待していかないとマイナス面ばかりが目立ってお互い不幸になりやすい。

今回の場合、たとえばSさんの力を使って外国人旅行者（インバウンド）に備える品ぞろえやサービス、広告を強化したり、都内の外資系企業を顧客に取り込む外国語でのマーケティングを検討させたりといった活用法もあり得た。だが、そういった共通のゴールや育成マップ的なものが検討されることはなかった。

Sさんは、このショップでの接客や日本語そのものの商品のバラエティーの多さを楽しみつつも、自分への将来の期待がはっきりしないと感じ、その後転職の道を選んだのである。

Sさんが辞める日にわたしに残してくれたノートには、就業以来、M社のショップで学んだ商品情報や受注処理方法、スタンプなど自分で作成できるものの作成方法、接客用語から難しい日本語の苗字についての読み書きに至るまで、英語でびっしりと丁寧にまとめられていた。

イラストなどもふんだんに入っていて非常に分かりやすい一種のマニュアルとなっていた。これを見るだけでもいかに彼女のやる気とモチベーションが高かったかがうかがわれる。

店長自身も優秀な方であることは店の売り上げが示しており、今回の教訓は、外国人材をなぜ採用し、どのように活用し、将来どう貢献してほしいのかという社長のビジョンを現場の責任者（今回の場合は店長）とクリアに共有できていなかった（あるいは店長が納得するまで何度も話し合ってはいなかった）ことにあると言えよう。

▼事例③　金属フィルターメーカー　V社

教訓：　ファミリー重視の文化のとらえ方

栃木県の金属フィルターメーカーV社に採用されたインド人I君も、やはり日本のサブカルチャーが好きで日本語を勉強するようになり、日本に留学した経験を持つ。I君は良家の子息のようで、日本の学校を卒業後は親元に呼び戻されてインドで就職していた。

それでもI君は日本への思いが捨てがたく、あるときわたしの会社にコンタクトして日本での求職活動支援を依頼してきた。

オンラインで面談すると、朗らかで気さくなエンジニア志望の若者であった。

たまたまわたしの会社で取引のあったV社が、工場のフロアで生産技術者を必要としていたのでI君を紹介してみた。

V社社長は、I君の日本語能力に若干懸念を示したものの、彼の素直そうな様子や、頭の回転が比較的速そうであったことから採用を決定した。

V社では、栃木の土地勘が全くないI君のために、通勤のしやすい場所に賃貸アパートを確保していた。

成田空港へのI君の出迎えから、アパートでの生活のための最低限の電化製品、生活用品を近所のショッピングセンターで購入することまでV社の方々が手伝い、I君は無事V社での勤務をスタートすることができた。

I君はその後順調に業務に慣れ、工場フロアの生産ラインでさまざまな業務を一つひとつ着実に覚えていった。また、オフィスにあるPCを使ってCADによる設計なども習得しつつあった。ところがあるとき、インドにいるI君の親から連絡があり、親が決めていた許嫁との結婚式のために帰国するよう求められたのである。

日本人社員の結婚の場合、新婚旅行を含めても1週間程度の休暇で済まされるが、まる1日かけて移動するインドとの往復を考えると休みはもう少し長くなるであろうとV社の社長も思っていた。ところが、実際はまる1か月の帰国が必要となった。

というのも、インドでのそれなりの家格の結婚式は、両家の親族や地域の人々へのお披露目など多くのイベントがあるようで、インド国内の移動も含め物理的に時間がかかるためである。

V社ではこれまでに1か月もの結婚休暇を社員に与えたこともなく、社内で検討した結果、異例ながら休業ベースで1か月間帰国することを許した。

I君は喜んで帰国し、無事祝言を挙げ、連日のイベントをこなし、約束通り1か月後に戻ってきた。そこから1年弱でI君は満を持して新婦を日本に迎え入れた。そしてI君は日本語を全く話せない新婦をかいがいしく世話し、日本での生活に慣れさせていった。

しばらくすると、I君からおめでたのニュースがやって来た。検診の結果、奥様の妊娠がわかったのである。同時に、I君のお父さんが重篤な病気を患っているとの知らせも本国から入った。日本語ができない妻が日本で出産することへの不安や、父を見舞いたい気持ちから、I君は妻とともに一旦母国インドに戻り、しばらく様子を見てからまた日本に戻りたいとの意向をV社社長に打診した。だが同社長は、今回は残念ながら異例・特例は設けられないとし、もしどうしても1か月以上帰国するなら退職扱いとなる旨を伝え、I君もこれを了解、結局退職を選択し、奥方とともにインドに帰国したのである。

V社の社長や日本人の同僚からすれば、工場のオペレーションを止めず、継続的に勤務することが「常識」であるわけだが、インドの相応の家庭においては、両親との関係はもとより、自分の家族を何にもまして優先することが「常識」である。

わたしが見る限り、I君は日本と日本での生活、そしてV社での仕事に満足しており、何年でも勤めていたかったはずである。

日本では傷病で1か月以上の入院や自宅療養を余儀なくされるケース、あるいは1か月以上の介護休業や育児休業への会社の理解や国の社会保険による休業保障制度が整っている。

もちろんこれは外国人社員にも適用されるべきものであるが、介護や介抱すべき対象者が基本的に日本国内にいることが想定されている。

1か月以上もの休業（もちろん無給）が経営者にとって短くないのは事実だが、長い会社人生として振り返れば比較的短い期間である。外国人材の復帰後のモチベーションの向上なども加味すれば、社員として、人間として成長していくライフステージでの帰国を応援できる休業期間を検討することも会社のプラスになるのではと考える次第である。

3 多様性とつながりのネットワーク構築

▼課題① 外国人材採用目的に関する意識合わせ

仮に今、読者が在籍される会社内で外国人材採用の狙い、意義、目的、期待について意識・認識の統一がなされているとすれば、それはかなり開明的な会社であるといえる。

その意識統一がなされているならば、会社の新たな成長に向けた変革・革新を求める雰囲気をつくることが可能となるであろう。というのも、日々目の前に「変革」の象徴となる外国人が存在して常に「なぜ」「何を」「どのように」を意識した説明や背景の共有が求められるためである。

一方、外国人材採用の意図・目的が社内で共有されておらず、「どうせ経営幹部が今どきのはやりで試しに採用してみただけ」などと他人事で距離を置く社員がいると、外国人材は「日本人と異なり日本語が下手で空気を読まない」と陰口を叩かれ、挙句の果ては「教えるのに手間がかかって足手まとい」などと不満の声がでて「変革」どころか「改悪」とみなされかねない。

海外展開を目指す、あるいはインバウンド対応や海外向けECサイトの立ち上げを狙う、もしくはハングリーでガッツのある人材による社内活性化を期待するなど、経営幹部が考える外国人材採用目的に関する意識を事前に社員と共有し、外国人材がもたらすプラス面を皆で享受しつつ、マイナス面（文化や言葉の問題など）を乗り越えていくことへの協力をお願いし、社員が持つ懸念や疑問にあらかじめしっかりと向き合い、解消しておくことが大切である。

その際には外部環境の変化（例えばＴＰＰ[1]、ＥＵとのＥＰＡ[2]、米国とのＴＡ[3]などの発効やＲＣＥＰ[4]といった自由貿易圏の広がりの影響、ＤＸ[5]、５Ｇ、少子高齢化、コロナ禍、米中対立などが市場にもたらす変化など）を会社としてどうとらえ、そこで生き残り、成長するために海外市場と外国人材をどう位置付けるかといった経営目線の環境分析も社員と共有したい。

▼課題②　文化の違いの理解・意識統一

１９７０年代から90年代前半までの日本の高度成長期は、日本人だけの協調力、個性を抑えて組織を優先する文化が生きる高品質・大量生産が成長のドライビングフォースであった。

その大量生産・大量消費時代から現在はユーザーの体験に基づく個別消費の時代に入り、それに伴い社員一人ひとりの創造力、独創性、異なる発想や文化をモザイクのようにつなげるダイバーシティ・マネージメントといったものが成長の源泉になるという認識も共有しておきたい。

外国人材がいくら日本語が上手といっても、日本人同士の非言語コミュニケーションや敬語・謙譲語に現れる独特の上下関係、ユニークな商習慣やマナーをマスターしているわけではない。「良薬は口に苦し」ではないが、外国人材がもたらすプラスを取り込むには、日本人にあって彼らには欠ける部分を積極的に理解し、寛大に受け入れ、吸収していく懐の深さも求められる。

そもそも、外国人材にとって「日本文化」や「日本の商習慣」が海外のそれらに比べていかにユニークで異なるものであるかをわれわれ日本人はあまり良く知らない。外国人材が入ることで、改めて日本の文化や商習慣を客観的に見つめ、お互いに共通するところと異なるところ、異なる点についてはその理由や背景まで理解できると、バランスの取れたグローバルな視点、視野を持つことに近づくと思う。

▼課題③　コミュニケーション研修

わたしは毎週、さまざまな企業の社員の添削研修を行っている。

主任や係長クラスか、そういった役職にはついていない社員の一人ひとりが、役職者の立場を想像して現在のチームの課題を見いだし、自らが役職者となった暁にはどのような改善を図るべきかを考えさせるものである。

この研修を通じて感じるのは、現状より高い目線でチームのあるべき状態や課題、目標の設定を考えさせることで受講者の意識がとても高いものになっていくことである。

ほとんどの受講者は、チーム内の情報共有やノウハウ・教訓の共有促進のための「コミュニケーションのあり方」「信頼関係づくりの大切さ」に気づいていく。

わたしはまたマネジメント研修とは別に、グローバル化に伴う海外取引先とのコミュニケーションのあり方に関する添削研修も担当している。

受講者はもっぱら海外現地法人とのコミュニケーション窓口の立場か、すでに現地法人に赴任して現地人スタッフと仕事をしている中堅・若手社員である。

研修のテーマは当然ながら海外現地法人の外国人スタッフとの間の異文化コミュニケーションであり、

具体的には指導のあり方、説得の仕方、リーダーシップの取り方といったスキルにおよぶ。

この研修では、多くの受講生が「今後身に付けたいスキル」として「アクティブ・リスニング」と「アサーティブ・コミュニケーション」を挙げている。

前者は積極的傾聴と訳される通り、単なる傾聴ではなく「伝え返し」や「合いの手」「言い換え」「要約」から「うなずき」などの「共感表現」はもとより、相手の深層を探っていく効果的な「質問」を行うスキルで相手の発言内容への深い理解を示し、信頼関係を築くことに役立つ。

後者のアサーティブ・コミュニケーションのスキルは次の４つのステップから構成されている。

ステップ１　こちらの依頼事項に対する相手の反論・主張・事実を受け止める
ステップ２　相手の主張がもたらす影響・不都合などを説明し、気づかせる
ステップ３　依頼事項を受けてくれると嬉しい、といった自分の気持ちを伝える
ステップ４　相手の主張も一部取り入れる形ででも解決策を伝える

学習者は、日本人同士でのやり取りなら「言わずもがな」ですませる内容の対話（ノンアサーティブ・コミュニケーション）であっても、外国人、特にローコンテクストの欧米人とは論理と言葉を駆使し、気持ちとともに伝えていくアサーティブ・スタイルが大切であると学ぶ。

ノンアサーティブ・スタイルでいると、外国人からは「寡黙で謙虚」と見られるところは良いのかもしれないが、「本音や理由を語らず隠している」とか「陰で意見したり、あとから言ったりするのは良くない」と思われかねないという点に受講生は気づいていく。

また、その真逆の「俺の言う通りにしろ！」的な「アグレッシブ・スタイル」、すなわち権威や力関係を笠に着て一方的に命じるスタイルは、今でいえばパワハラ・スタイルであり、世界のどこであっても受け入れられないことも理解する。

こういった研修を若手・中堅社員に受けさせながら海外現地法人や海外の顧客とのコミュニケーションを任せていくことで、異文化コミュニケーションの理解も深まると思われる。

一方、海外現地法人や取引先を持たない会社や、部外研修をしている余裕がない場合でも、外国人材が身近にいることで、上述のような日本人だけでは身に付かないスキルを習得することも経営幹部の意識の持ちようで可能になると考える。

もちろん、並行してオフＪＴの社員研修ができた方が良いことは間違いない。

第一生命経済研究所の首席エコノミスト・熊野英生の著書『なぜ日本の会社は生産性が低いのか？』（文春新書、２０１９年）によれば、米国の生産性は日本の１・５倍あり、その差の大きな原因が教育研修を中心とした人的資本投資の違いで説明できるとのこと。

日本政府もその点に気づいてか、厚生労働省はオフＪＴ研修の受講費用を最大60％まで補助する教育訓練給付金制度や人材開発支援助成金制度を設けて、中堅・中小企業の社員教育を積極的に支援している。

日本人社員だけでなく、外国人社員もそれぞれの育成ステージに応じて研修を施していくことで「仕事理解」「会社理解」ひいては「日本理解」が進み、「変革」のための問題意識や当事者意識が芽生え、会社の発達・発展を担う戦力として成長してくれると期待される。

▼課題④　辞めていく外国人材との関係

外国人材の中長期的キャリアを考えると、彼ら彼女らの中にはキャリアアップで他の日本企業に転職しようとするもの、いずれ母国に戻るもの、ＭＢＡ取得などの資格にチャレンジするものなどもいて、必ずしも長期的にひとつの会社に留まらない可能性がある。

日本人ですら入社後３年以内に３割が辞めるという現代において、外国人材だけが定着するとは考えられず、むしろ彼らが辞めてしまう割合は日本人並みか、それ以上であろうと言わざるを得ない。

ただ、仮に短期的に外国人材の出入りがあったとしても、長期的に一定規模の外国人材を雇い続けることで会社内部に徐々に外国人材の育成・活用に関するノウハウやダイバーシティ・マネージメントのノウハウが蓄積されていくと思われる。

また、仮に外国人社員が辞めたとして、彼らが母国に戻ろうが、国内に留まろうが、元の会社のことを良く理解し、良いイメージを持っている限り、元の会社のアンバサダーとしてある程度の情報発信をしてくれる可能性は高い。

元の会社の同僚とはＳＮＳで繋がり続けるであろうし、会社のＳＮＳをフォローし続ける可能性も高いであろう。

仮に元の会社が、その外国人材の母国への進出などを考える場合にはいろいろとアドバイスをくれたり、人脈を紹介してくれたりするかもしれない。

本書の第２章第２節を参照いただき、長い目で辞めたあとの外国人材ともネットワークを継続し、会社のグローバル化に活用していただきたい。

注

（1）Trans-Pacific Partnership（環太平洋パートナーシップ協定）。
（2）Economic Partnership Agreement（経済連携協定）。
（3）Trade Agreement（貿易協定）。
（4）Regional Comprehensive Economic Partnership（地域的な包括的経済連携協定）。
（5）Digital Transformation（デジタルトランスフォーメーション）。

コラム

ビジネスの眼③　越境するハンコ文化
――アナログとデジタルのはざまで――

　前章のコラムで紹介したＤ君とたまたま知り合ったわたしにとって、Ｄ君との仕事の第１号案件は、日本の印鑑の輸出用ＥＣサイトの構築であった。

　この案件が俎上に上った時、日本でしか使われていないハンコが、サイン（署名）中心の海外で受け入れられるのか、わたし自身あまり納得できず、当初は扇子や日本人形など「日本土産」的ギフトとしての可能性を模索するというスタンスで臨んだ。

　ただ、このハンコ輸出を狙うチェーン店のオーナーは、土産ではなく日本のハンコ文化をそのまま海外に輸出し、ハンコを自らのＩＤに供してもらうという夢を持っていた。

　そこでＤ君とともに、日本でハンコがどのように用いられてきたか、歴史的背景はもとより、実印や認印、銀行印といった現在のハンコの使われ方を読み物的コンテンツとしてまとめ英語で表現してみた。そして日本のハンコとして代表的な柘植《つげ》のハンコを中心に、女性向けギフト用の蒔絵《まきえ》印鑑も加え、輸出対象商品として揃えてみた。その際にＤ君がこだわったのが、商品であるハンコと「自然」との共生のイメージである。

　彼は、サイトに掲載予定のすべての商品を持って、日本国内はもとより米国内の海辺、山岳地などの景勝地をめぐり、そこにハンコを置いて写真を撮り、その中でもベストなものをサイト用にアップしていった。

こうした彼の芸術的感性と、日本の魅力の英文での表現力（コンテンツ）により、このハンコの越境ECサイトは徐々に日の目を見るようになる。

芸術肌のD君は、ルーチンワークや契約行為など、〝ビジネスにつきものの〝非芸術的なこと〟には関心が薄いように見えるが、日々の販売データを通じ顧客の動向や傾向を見極めるセンスには抜群のモノを持っている。

例えば欧米では、日本でおなじみの円柱型のハンコよりも正方形の角印、特に落款印に人気が集まっていることに気づく。

角印の代表格である落款印を購入する顧客の用途は、書画・絵画・イラストなど自らの芸術作品への銘であったり、海外で空手道場などを運営する道場主が免状に押印する道場印であったりする。そういった顧客の用途を意識して商品を取りそろえ、ウェブサイト上に展示し、説明し、注意を惹くという一連の改良をD君は自発的にしてくれるのである。

2020年に発生した新型コロナウィルス感染症では日本国内でも在宅勤務が増え、実印や銀行印を必要とするアナログ作業の見直しが起こったが、この点でもD君はすぐにデジタルハンコのサービスを思いつき、見事に〝商品化〟してくれている。

さらには、このウェブサイトを通じてハンコを購入してくれた世界中の顧客にアプローチし、アンケート調査を通じて、このサイトをどのように改良したらさらに多くの潜在顧客に見てもらい、満足してもらえるか、顧客目線の有意義な情報を入手してくれている。もちろんアンケートに答えてくれた顧客に、次回購入の際に利用できるディスカウントクーポンを発行するなどCRM①にも如才がない。

やはり彼のように、母国アメリカ人を含め外国人が評価する傾向の強い日本のモノやサービスを良く理解し、外国人向けに的確にその対象を見せ、感じさせ、購買動機を与えるスキルを持った外国人材の能力を生かしてこそ、日本にあまたある魅力ある製品・商品やサービスの掘り起こしと輸出が可能になるのではと感じる。

注

（1）Customer Relationship Management（顧客関係管理）。

第4章 外国人材採用の実務と人事戦略

本章では、これから外国人材の採用を考えている中堅・中小企業の経営者や幹部の方々に、採用に関わる実務内容と、採用後の定着のための支援、そして外国人材採用を1つのきっかけとした社内人事戦略の考え方を紹介する。

1 外国人材採用の実務

▼外国人材との出会いの場

日本の有名大学に留学している外国人材の多くは、就活で日本人学生と同様、海外にも名の通った大企業を第一に志望するようである。

わたしが直接話を聞いた外国人留学生の中に、W大学の文系の中国人女性がいた。日本語を完璧にあやつり、すぐに当を得た返事をしてくる才気煥発な彼女は、複数の大企業から内定を得ていたが、最終的にある1社を選んだそうである。

その理由が「母国中国の親元や親戚一同が知っているブランド企業であったから」であった。さすが面子を重要視する中国人ならではの判断だ、と微笑ましく聞いたものである。

また、かなり以前の記憶ではあるが、わたしの前職の総合商社でも新卒採用の1割近くが外国人材で占められていた。求人倍率は高かったが、特に外国人枠というものはなく、日本人学生と同じ土俵で応募し、1次面接、2次面接、筆記試験、最終面接といった日本語での競争を勝ち抜いた人々であった。

ただ、こういった外国人材は全体から見ればごくわずかで、日本で就職を希望する外国人材の多くは卒業間近まで単位取得のための勉強と生活のためのバイトを続け、日本人学生のような、大学3年の早い段階からの就活を行えてはいない。その結果、卒業のめどが立った時点で、ようやく就活行動に移る学生が多い。

独立行政法人日本学生支援機構のデータによれば、日本の大学の学士、修士、博士課程に留学する2019年度卒業生のうち、日本国内で就職できたのは2万3014人で、全体の約37％だった。さらに上の課程に進学した人が約26％いたので、それをのぞいても約2万3000人は、日本での就職ができずにいるわけである。

加えて2019年度に日本語学校を卒業した外国人材が約5万4000人で、多くは日本国内の大学に進学するが、彼らも基本的には日本国内での就職を望んでいる。

本章のコラムにて詳述するJETプログラムと呼ばれる外国青年招致事業では、毎年6000人近い外国人材が日本に来ているがその多くは事業終了後も日本に留まり、日本での就職を希望している。

これらの日本の求職者市場に毎年加わる外国人材に加え、すでに日本国内で就業しているが何らかの理由で転職先を探している外国人材もそれなりにいる。

ということで大まかにいえば、毎年５万人をはるかに超える大卒以上の高学歴の外国人材が日本での就職先を求めている。

四谷でハローワークが運営する東京外国人雇用サービスセンターは、外国人留学生や専門的・技術的分野の在留資格を所持して仕事を探している外国人材の求職活動を支援している。

新宿にある外国人雇用支援・指導センターは日本人の配偶者など、定住者・永住者などの就労に特段の制限のない在留資格を持つ外国人材や、アルバイトを希望する外国人留学生向けの就職支援を行う厚生労働省の機関である。東京以外にも名古屋、大阪、福岡に同じサービスセンターがある。

また、四谷にある東京外国人材採用ナビセンター（https://tir-navicenter.metro.tokyo.lg.jp/）は、東京都が運営する都内中小企業向けの外国人材の採用・定着・戦力化支援に特化した支援事業所である。

もちろん他の地方自治体でも同様の支援機関を設けていると思う。

こういった公的機関が毎年ほぼ定期的に、中小企業の求人企業と外国人求職者とのマッチングイベントを無料で開催している。

ＪＥＴプログラムの卒業生向けにはＣＬＡＩＲ（一般財団法人自治体国際化協会）による「ＪＥＴプログラムキャリアフェア」というイベントが毎年２月から３月にかけて開催されている。グローバル人材を求めている国内の企業・団体などとＪＥＴプログラム卒業生の就活マッチングイベントである。

わたしの会社が参加した２０２０年のＪＥＴプログラムキャリアフェアは、パンデミック直前の２月に東京ビッグサイトで開催され、多くのＪＥＴプログラム卒業予定者や卒業生が求人企業のブースを自由に訪問する形でマッチングが行われていた。

コロナ禍が収束していなかった２０２１年はオンラインで開催されたが、同じく多くのＪＥＴ関係求職者がバーチャルに参加していた。

これらのイベントへの求人企業の参加も全て無料である。

一方、外国人材と日本の求人企業とのマッチングを図る民間の仲介サービスの中で、外国人材が良くチェックするウェブサイトの主なものは以下のリンクの通りである。

リンクトイン	外資系	https://www.linkedin.com/feed/
エンワールド	日系	https://www.enworld.com/
ビズリーチ	日系	https://www.bizreach.jp/
HAYS	外資系	https://www.hays.co.jp/
RGF（リクルート）	日系	https://www.rgf-professional.jp/
Wahl+Case	外資系	https://www.wahlandcase.com/
Robert Half	外資系	https://www.roberthalf.jp/
Morgan Mckinley	外資系	https://www.morganmckinley.com/jp
j Career	日系	https://www.j-career.co.jp/
ダイジョブ	日系	https://www.daijob.com/
Gaijin Pot	外資系	https://www.gaijinpot.com

マンパワー　　日系　　https://www.manpowergroup.jp/

こういったところに求人情報を掲載していると出逢いの可能性が高まるのでは、と期待される。ただし、民間業者の場合は仲介手数料など何らかの形で企業側の費用負担が求められる。

▼外国人材に訴求する求人内容

前述の通り、外国人材採用に興味のある中堅・中小企業にとって、日本での就労を望む外国人求職者と出会う機会は、公的機関ならびに民間仲介業者から十分提供されている。

そこで次に大切になってくるのは、どうすれば求人企業のニーズに合致する優秀な外国人材に応募してもらえるかであろう。

その点でわたしの外国人材採用経験や顧客企業への紹介経験から感じる点をまとめてみた。

第1に求人の熱意である。これは外国人材に限らないが、自社の強み、魅力、仕事の面白さを情熱的に表現し、社員の成長・自己実現が可能となり得る場であると熱くかつ分かりやすく説明することである。その際に動画や写真を示せれば、なおのこと説得力が増す。

第2に、自社のビジョンや将来の成長の方向性を示したうえで、なぜ外国人材を必要とし、そのビジョンや将来計画の中に外国人材をどのように位置付け、どう育成・活用していくかという外国人材採用の狙い、意義、目的、期待といったものをはっきりと示すことである。繰り返しになるがマッチングイベントでは経営者自らがそれらを熱く語ることが、有望外国人材に応募してもらうことに最も効果的であると感じる。

第3に、もしすでに外国人材が社内で活躍しているのであれば、その外国人材に司会をさせたり、経験談を語らせたり、質疑応答などを母国語でさせることも、とても効果的であると思う。

本書で何度もご紹介した大和合金株式会社では、同社で活躍する外国人材が中心となって会社紹介のビデオをつくったり、マッチングイベントでのファシリテーターを積極的に務めたりして、毎年多くの有望な外国人応募者を集客してきている。

▼選考過程と注意事項

外国人材からの応募に関しては、当然ながら履歴書と職務経歴書を提出してもらうことになるが、その際に、それぞれ日本語と英語と2つのバージョンで提出してもらい、日本語での文章力（英語が母国語でない場合には英語の文章力を含め）を事前にチェックしておきたい。

書類選考で興味を惹く人物を見いだせれば、次に面接に進むことになる。昨今はコロナの影響もあって、少なくとも1次面接はオンラインで行うことが主流となっている。

面接では日本語能力を知るためにも日本語で行うべきだが、ネイティブレベルの日本語力を求めない場合は、互いの誤解を防ぐためにも折々に英語を交えて質問の意図や回答の主旨を確認し合うこともよくあることである。

面接での質問は、先に提出されている履歴書と職務経歴書にのっとって行う。質問内容は日本人求職者に対するものと同様、志望動機や自身の強みなどのアピールポイント、これまでの成功・失敗体験などで始めていくが、外国人材向けで尋ねておきたいポイントとしては以下の通りである。

・日本に来た理由、目的、夢は何か？
・将来も日本に居続けるのか、それとも母国に戻るのか？
・具体的に外国人材としてこの会社で何を成し遂げたいのか？

もちろん、営業職や技術職といった職種別での質問も大切である。外国人材に海外営業を期待する場合には、会社のウェブサイトやＳＮＳを海外に訴求するものにするためにはあなたならどう改良するか、といった質問をした企業もあった。３次元ＣＡＤのデザインエンジニアを求めていた企業は、求職者に過去のデザインの例をプレゼンさせていた。

一方、外国人求職者からのさまざまな質問にも真摯に答える準備が必要である。給与など処遇条件の詳細はもとより、有給休暇の取りやすさ、残業の多さ、住宅補助の有無などは、わたしがこれまで参加した面接で外国人求職者から良く耳にした質問である。

そして相手が在学中もしくは就労中であれば、卒業や離職の見込みとタイミングを確認するとともに、他社の面接も受けているのであればその進捗状況なども確認しておきたい。

２次面接や重役面接を経て採用を決定したいと思う外国人材であれば、他社もそう思っている可能性が高い。そのため早々に採用通知書（あるいは労働契約書）を発行し、相手の承諾書（労働契約書なら署名）を取り付けることも必要である。

当該外国人材が就労するために別途在留資格の変更申請が必要ならば、採用通知書や労働契約書が申請書とともに求められることから、1日も早く就労してほしい場合にはその手続きも急いだほうが良い。詳細は次項にて説明する。

▼在留資格申請支援

留学生を新卒採用する場合、あるいは前述のJETプログラムで日本の小・中・高での英語など外国語教育の支援（ALT）として日本にいた外国人材を、その教育支援の満了後に採用する場合、それぞれ入国管理局にもともとの在留資格を就労のための資格に変更する申請を行う必要がある。

大卒者で語学力や海外営業力、あるいは特定の工学・技術能力を持つ外国人材は主に「技術・人文知識・国際業務」という在留資格を申請することになる。

申請者は外国人本人だが、採用企業も申請書上に採用目的などを記載したうえで署名し、採用通知書、会社事業案内、登記事項証明、決算書といった書類を提出することが求められる。これを総称して、「在留資格申請者の在留資格のスポンサーになる」という。

入国管理局での審査期間はおおむね1か月程度だが、書類不備などで追加書類の提出などがあると2〜3か月かかるケースもある。

これまで当社がかかわった外国人材の「技術・人文知識・国際業務」の在留資格申請で許可が下りなかったケースはなく、また、わたしの会社で採用した外国人材の在留資格更新にあたってもおおむね1か月前後で無事許可が下りている。

ただし、一度だけ更新が拒絶された事例があった。

千葉県にあって建設業や運送業のユーザーが利用するマテハン機材をレンタルするR社に就労していたフィリピン人技術者M君の「技術・人文知識・国際業務」の在留資格更新申請が、品川の入管で拒絶されたのである。理由は、彼の行っている業務内容がショップフロアでのブルーワーカー的業務が中心で、「技術・人文知識・国際業務」が想定しているオフィスでの付加価値の高いエンジニアリング業務ではないため、というもの。

R社としてはＯＪＴを兼ねてまずショップでの作業をM君にマスターしてもらい、そこからショップ作業の生産性向上やマテハン機材の新機種導入などを検討してもらう意図であったが、更新申請書にはその会社側の意図を記さず、M君が現在行っている業務をそのまま記してしまったことが否認の根拠となった。

R社では在留資格更新に詳しい司法書士を雇って改めて入管に会社の意図を説明し、またM君の今後の就労がショップよりもオフィス中心となることをうたうことで再申請を行った次第である。

また、採用する外国人材が母国にいて、来日の上で入社する場合には、訪日前に母国にある日本大使館か領事館で上述の在留資格を取得する必要がある。

そのために、採用企業はＣＯＥ（Certificate Of Eligibility 在留資格認定証明申請書）を、採用する外国人材に代わって入国管理局に申請し、その許可を取得する必要がある。許可取得後、ＣＯＥを外国人材に送ってやり、彼らがＣＯＥとともに上述の「技術・人文知識・国際業務」の在留資格申請書を居住国にある日本大使館や領事館に提出することになる。

ＣＯＥはスポンサー企業による代理申請から1か月程度で取得できる。それを受けて外国人材が居住国で行う在留資格の本申請から許可までの所要時間はおおむね数週間から1か月程度である。したがい、採用企業においては採用決定から就業開始予定日までで2か月プラスアルファの余裕を見ておく必要がある。

在留資格の有効期間は一律で決まってはおらず、申請した入国管理局によって、あるいは出身国、過去の経歴などによって1年、3年あるいは5年のケースがある。

違法行為などを起こさず、日本国内で当初想定されていた技能か、それ以上の能力を生かした就業を続ける限り、この在留資格の更新は問題なく継続できる。

そして滞日期間が10年に達し、その間、5年以上継続して就労して今に至っている場合には「永住許可申請」を行うことも可能になる。

永住許可が取得できれば、日本にじっくりと腰を落ち着けて就労し続けるモチベーションも高まるであろう。

いずれにしても外国人材を採用する会社は〝スポンサー〟という立場で、外国人材の在留資格取得を支援することが求められるのである。

▼住宅補助

一昔前は、しかるべき保証人のいない外国人にはアパートを貸さないという不動産業者もいたようだが、昨今は聞かなくなってきた。とはいえ外国人材の場合、親元が海外にあるため、会社に保証人となることを求めてくる不動産業者もまれにある。

海外から来日して入社する場合や、会社からかなり離れた地方で留学や就職をしていた外国人が就職、転職してくる場合、会社側で彼らの希望も聞きながら、あらかじめアパートを見つけ、生活をスタートさせるために必要な最低限の準備をしておいてあげると本人のモチベーションも大いに上がると思う。

第2章で紹介したS社のアメリカ人Kさんは、アメリカから引っ越してくる必要があったのだが、S社の方々が事前に通勤とショッピングに便利なところに小ぎれいなアパートを探しておいたことも、本人にとって大いにモチベーションの上がった理由の1つであった。

このアパートを気に入った彼女は、日本にいるアメリカ人の友達を招いたりしていたが、コロナ禍でも日常生活やテレワークに全く支障なく過ごせているようである。

2　外国人材の定着

▼コミュニケーション

最近は自治体がウェブサイトを通じ、外国人居住者向けにさまざまな住民サービスの情報を母国語で発信しているので、外国人材もそうしたサービスを利用して暮らしに関する大抵の疑問（ゴミ出し、学校、納税、健康診断など）を解決できるであろう。

ただ、外国人材を採用する企業の人事・総務部門の方で、新たに入社した外国人材にそういった生活面のアドバイスを与えたり、彼らの疑問に応えられる窓口を設けたりすると喜ばれると思う。

それと、起こってほしくはないが、大地震、巨大台風などに襲われた場合の避難場所や避難経路を理解しているかなどの確認も望まれる。

最近は以前より少なくなったとはいえ、周囲から〝ガイジンだ〟という好奇な目で見られ、あるいは〝ガイジン恐怖症〟の日本人から逃げられるといった経験で傷つくこともあり得る。

これらは放っておくとストレスや孤独感を募らせかねない。

夏の熱帯夜など日本独特の暑さと湿度、あるいは冬の乾燥と相まって体調不良を起こしやすくなる。

第2章で登場したインドネシア人Kさんやマレーシア人Cさんは赤道直下の国々の出身であるため、暑さには慣れているとばかり思っていたが、2人とも日本の都市部の夏ほど暑いところはないと語っている。

気温や湿度そのものだけでなく、そもそも日本の都市部では車での移動より電車や地下鉄、バスの移動が中心で、階段の上り下り、地上に出てからの徒歩など体を動かす場面が多い。オフィスに入ってもエアコンの温度設定が良くて26度、官公庁だと28度と彼ら彼女らにとってはエアコンが効いていないと感じる温度にされている。

わたしは出張でマレーシアやシンガポール、インドネシアをそれぞれ夏に訪れたことがあるが、いずれの会議室でもエアコン設定が20度以下で〝キンキンに〟冷え、ジャケットを着ていないと寒いと感じたことを覚えている。

一方、冬は冬で問題がある。

第3章で紹介した栃木のA社のフランス人Y君は、初めての栃木の冬の乾燥の厳しさに体調を崩してしまった。

わたしが前職で2度にわたり米国に駐在し、生活した経験においても、異境であり異文化であることに伴う苦労はそれなりにはあったが、会社の手厚い庇護と、周りにいる多くの同胞の支援で快適に暮らし、就労することができた。

それに比べ、わたしが見てきた外国人材は、基本的に日本に縁もゆかりもなく、裸一貫で飛び込んできて生活の拠点を設け、就労先を見つけるところまで頑張ってきているわけである。

日本と日本文化に惹かれ、若者特有の情熱と思い切りの良さで就職したところまでは良いが、そこからが真の意味での異文化とのぶつかり合いとなる。

異文化ギャップを乗り越えるのに特効薬や万能薬はなく、月並みだがコミュニケーションを重ねるしかない。コミュニケーションの時間を増すことで、共通の文脈が増していき、互いの似ているところ、そして異なっているところの境界が徐々にはっきりしてくる。

本書執筆の段階ではコロナ禍でアルコールを伴う飲食は制限されているが、コロナ収束後、信頼関係作りで日本では良く見られる飲み会が復活すれば、外国人材との効果的なコミュニケーションの場となる可能性はあると思う。

前出のS社のKさんのように、そうしたアフターファイブの場が苦にならない外国人材にとっては日頃疑問に思っていることを解消したり、日中では学べない社内事情を知る良い機会となったりする。もちろん日本人上司や同僚にとっても、アメリカ人女性の考え方、日本観について知る良い機会となっていた。

ただ、業務時間以外のプライベートな時間は別にしたいと考えている外国人材は強く誘わないほうが良い。そういった外国人材とは、ランチでの対話や海外出張などに同行する場合、自然な成り行きで食事の際などに業務と異なるコミュニケーションのチャンスをうかがいたい。

栃木県のフィルター・ストレーナーメーカーのV社に長年勤め、主任クラスで同社の海外展開をリードするネパール人のRさんは、コロナ禍以前にはV社社長とともに年3回ないし4回、海外展示会に参加すべく海外出張をしていた。

わたしは過去数回、彼らの海外出張に同行したことがあった。同社長とRさんは、展示会に詰めている日中は忙しくて食事を一緒にできないが、仕事を終えて宿泊先に戻ってからの夕食で、ここぞとばかりに時間を取って日本での仕事のすすめ方を含めさまざまなことを議論していた。語り合うほどにRさんの社長理解と会社理解も深まっている様子であった。

わたしの会社でもコロナ禍以前は、外国人社員との「飲みニケーション」をそれなりの頻度で行っていた。飲みニケーションは、わたしにとっては、彼ら、彼女らとの日頃のコミュニケーション不足を解消できる機会であり、外国人社員にとっては、その後の二次会のカラオケで英語の歌を歌いまくり、日中、日本語でばかり会話することで溜まったストレスを解消する場のようであった。

また、たまたま偶然かもしれないが、これまでわたしが紹介したベトナム人留学生の男性は皆お酒に強く、飲んでも崩れず、明るく朗らかなところが良いと感じている。

ベトナムにいる両親や兄弟に仕送りを毎月行いつつ、日本での夢を語る彼らのがんばりには強く感心させられる。

いずれにしても、コロナ禍での飲みニケーションは難しく、その分、気持ちのこもったコミュニケーションのあり方、特に外国人材の心の中に積み重なっている疑問や懸念をためらわずに語らせ、肯定的に傾聴する機会を意識的に設けることが必要であろう。

▼有給休暇、里帰り支援制度（休暇の取り方）

厚生労働省の令和２年度就労条件総合調査の概況によれば、令和元年の日本人社員の有給休暇消化率は56・９％で過去最高であるという。

社員数１００人未満の中堅・中小企業の場合でも51・１％で半分以上の取得となっている。ただ言い換えると、いまだに有休の半分近くは放棄されているわけである。

一方、外国人材にとって、有給休暇は１００％利用すべく与えられた権利という認識が強い。有給休暇は２年目に繰り越せるので、母国に一時帰国をする際に、会社幹部と事前相談の上、まとめて長めに使わせてもらうというケースも考えられる。

読者の会社で外国人材が有給をフルに消化する場合、そうはできていない日本人社員からの不満や批判の声が出るかもしれない。

そのギャップをどう埋めていくかも、大げさに言えばダイバーシティ・マネジメントの手腕の１つであろう。

中国や台湾、ベトナム、シンガポールはもとより、韓国、マレーシア、インドネシア、ブルネイ、モンゴルでも旧正月の週が休日となり、家族が集合して団らんや旅行を楽しむ大切な時期となる。

欧米では11月末のサンクスギビングウィーク（もっぱらアメリカのみ）か、12月後半のクリスマス休暇が母国の家族と大集合する大切なファミリーウィークとなる。

入社後1～2年はお金も貯まっておらず、また仕事と生活で必死なため、一時帰国の余裕はないであろうが、3年目以降で余裕が出てきたときに、里帰りできるまとまった休暇を与えることは外国人社員の士気を高め定着を促すためにも大切である。

毎年の有給休暇の枠の中から数日分積み立てるといったやり方もあれば、別途一時帰国枠を設けることも考えられよう。あるいは仕事で母国に出張する際の前後に休暇取得を認めている会社のケースもある。

前出の埼玉のY社のベトナム人材も、栃木のV社のアメリカ人材も展示会や出張がたまたま母国であった際、その前後で家族に会いに行く休暇を会社からいただいていた。

「将を射んと欲すれば先ず馬を射よ」と言うが、上述のような配慮で里帰りを支援することで、母国の両親に直接子供から日本と就職先の素晴らしさを聞いて安心してもらうことも、優秀な外国人材を定着させる効果的なマネジメントであると思う。

▼定着支援のためにできること

昨今、日本人社員であっても定着率が低い状況が続いているが、外国人社員の定着率はそれ以上に低いと見られている。

わたしの会社では、外国人材を紹介した会社がその人材を採用した場合、その後1年間、当該外国人に毎月１回定着支援面談を受けてもらっている。

外国人材を受け入れるため会社がいろいろと準備をしたとしても、実際ふたを開けてみれば現場で外国人材が悩むこと、ストレスに思うことはいくらでもあり得るし、会社側からしても外国人材に対し早々に改善してほしいと感じる点も出てくるかもしれない。

健全な生活を送り、前向きな姿勢で仕事に臨むために大切なのはそういった悩みやストレス、不満を心に溜めておかず、他者に語って客観視してみることであろう。

そのためにもまずは外国人材の思いを徹底して傾聴することが大切だと感じる。すなわち、外国人材の立場に立って話を聴き、共感的な姿勢を見せることで相手を肯定し、安心させる。そのうえで、日本のビジネス文化の特徴などを客観的に説明し、なぜ現場で誤解や食い違いが生じるかを含め、気づきを得てもらう。

当方では面談結果を報告書にまとめ、会社側に提示するとともに、その内容に対する会社幹部からの反応、感想、意見などを頂戴し、両者の間にギャップがあるならどこにその原因があるのかを考え、仮説を立てて次回の面談に臨むことにしている。

翌月の面談で、当月の報告書における課題や問題点がクリアされているかを確認し、着実に相互理解が進むようにコンサルティングを進めていくようにしている。

3 外国人材採用を契機とした人事戦略

ここでは会社が外国人材を受け入れるに際し、外国人材だけの別枠の対応を行うのではなく、日本人社員も包含する新たな人事戦略を検討する切り口を提供する。

▼任せる業務の内容と目標の設定

外国人材、特に欧米の人材はいわゆる「組織図」できちっと表現できるM型組織（Mechanic Organization）に慣れていて、自分の業務分担、責任の範囲というものを知りたがり、その範囲内でベストを尽くそうとする。

一方、我々日本人が所属する組織では、一応ラインははっきりしているものの、若いうちは雑用を含め、さまざまな下働きを臨機応変にこなすことが求められる。それをM型組織に対して、O型組織（Organic Organization）と呼ぶ。

日本人は一般的にO型組織に慣れていて、必要に応じてチーム内あるいはチームの垣根を超えて縦横に仕事の範囲を伸ばしていくことが求められる。

どちらが良いという話ではなく、そういった文化の違いを事前に良く理解したうえで、欧米系のようにM型の傾向の強い外国人材であるならば、担当業務と責任範囲を示す必要がある。

一方で、「郷に入らば郷に従え」で、外国人材に対しては日本におけるO型組織の説明をして、チームワークや他チームとの連携も重視すること、そして会社がそれをどのように評価するかについての説明も用意しておく必要があろう。

一般的に外国人材は日本という異文化環境において自分がちゃんとやれているのかどうか、会社からの評価を非常に気にする傾向が強い。従って、目標設定が大切になる。

目標設定のためには、会社自身がどこに向かって歩を進めているのか、その大目標と狙い、意義、目的といった背景や経緯についても余すところなく説明しておきたいものである。そして日本人社員に対しても、外国人材採用の機会に改めてトップからのビジョンや方針の説明を繰り返し行うことで、組織の躍動感も出てくるのでは、と期待する。

外国人材に期待する目標（意図、狙い、目的、難易度、達成期限、達成基準など）を前広に考えておき、本人に良く説明の上、事前に合意に達しておく必要がある。もちろん外部環境の変化とともに目標の追加修正や変更はあって当然だが、まずはどこを目指すのかを最初に示しておくことが外国人材にとっては大切であり、何も示さず、後付けで目標を追加していく形は避けたい。

この目標設定の流れは日本人社員も同様で、トップダウンの設定であれボトムアップであれ、外国人材向けと同様、前広に進めて事前に合意し、組織全体としてＰＤＣＡサイクルを回して行こうとする社風に持っていきたい。

▼大まかな育成計画とキャリアプランを意識

改めて言うまでもなく、外国人材は母国を離れ、異文化の地の日本で日々頑張ろうと努力している。

その意味で将来の人生について真剣に考えている。いわゆるキャリアプランである。来年どうなっているか、3年後にどうなっていたいか、5年後、10年後といった大まかなプランである。

もちろん好きな日本にできるだけ長くいて、家族をつくって……という「夢」を持つ外国人は多いが、こと仕事に関しては自分の「成長」を実感できる職場に身を置きたいというのが彼ら彼女らに多く見られる姿勢であると感じる。少なくともわたしの会社で紹介した外国人材のほとんどすべてが、「成長」できる職場やキャリアを望んでいた。

そこで会社としても大まかな育成計画、キャリアプランといったものを外国人材採用の機会に構築していくことが大切であろう。

すでに日本人社員向けにそういったプランを持つ会社でも、外国人材採用の機会にその育成計画のマイルストーンを少し細かくしたり、海外展開を想定するならば育成計画やキャリアプランの中に「海外業務」を想定したりすることも良いのでは、と思う。

都内にあるバルブ設計・製造企業に営業補佐として正社員採用されているインド人3人と個別に面談したことがあった。3人のうち、2人は、将来、日本本社で、あるいは会社のインド法人で管理職になるキャリアアップに興味を持っていたが、1人は管理職には全く興味がなく、プレーヤーとしての自らの業務能力や営業範囲を広げていくかたちでの成長（キャリアアップ）を望んでいた。

日本人社員向けに行う人事評価・考査の面談においても前述のようなキャリアプランを意識して、5年後、10年後の本人のキャリアを上司とともに話し合うことで社員の「自分理解」と「会社が社員に期待することへの理解」が深まり、双方の納得性や満足度が高まるのではと思う。

▼キャリアコンサルティング

前項で触れたキャリアプランに関し、欧米企業では社員が将来のキャリア（人生、家庭、職業、ワークライフバランス）についてじっくり考える機会として、あるいは自分のキャリアの悩みの相談を行う機会として、キャリアコンサルティングを手配したりしている。

会社にとってのメリットは、社員の持つさまざまな問題やストレスの所在に気づき、それぞれを解決あるいは解放するとともに、日々の目先の業務に集中し過ぎて短視眼的になっている社員に、将来に向けた長期的な視点の必要性も気づかせ、意識させることにある。

日本では上司による評価面談か、アフターファイブの飲みニケーションがキャリアコンサルティングの役割を担うが、社員によっては直接の利害関係者にライフプランを語りにくいと考える人もいるであろう。

利害関係のないキャリアコンサルタントによるコンサルティングを社員に行えば、「自分理解（自分の長所、課題、夢などの客観視）」、「仕事理解（担当業務の目的、狙い、会社での位置づけなどの理解）」、「会社理解（会社のビジョン、ミッション、価値観、中長期計画などの理解）」を深めさせつつ、自分の「ライフプラン」を意識し、会社側に伝えることも可能となろう。

わたしの会社で行う外国人材に対する定着支援面談も、アクティブリスニングを中心に、キャリアコンサルティングの手法にのっとり、彼ら彼女らの自分理解、仕事理解、会社理解を深め、自身の成長のためのキャリアプランに向け、健全な歩みを進めてもらう手助けとなるアドバイスを提供している。

時間は有限である。会社での成果と自らの成長をどのように実現していくかを折々に意識し、考えてもらうことは、本人はもとより会社にとっても有益であると思う。

日本では厚生労働省が管轄する国家資格キャリアコンサルタントという立場のカウンセラーがコンサルティングを行っている。

外国人材に限らず、社員全体にこうしたカウンセリングを定期的に行う仕組みをつくることは厚生労働省も勧めている。詳しくは以下のリンクを参照願いたい。(1)

▼教育研修補助金の利用

社員が自らの成長のためのキャリアプランを意識する中で、それに関係する分野のスキルアップも意識するであろう。もちろん現場主義を通して、ＯＪＴにより必要なスキルを身に付けようと考える社員もいるかもしれないが、スキルによってはやはり専門家によるオフＪＴが大切になってくる。

この点で、わたしが知る限り、外国人材はオフＪＴに対する意識がとても高い。スキルアップを通じた「成長」に対する意欲が強いためと思われる。

社員が自己研鑽の一環で有償の資格取得コースや学習コースを受講する場合、あるいは会社として受講させる場合、厚生労働省の「教育訓練給付金制度」を活用することで本人の（あるいは会社の）負担を大幅に減らすことが可能となる。

制度の説明は以下のリンクを参照願いたい。(2)

同様に企業が社員人材開発の一環で、社外に支払う研修費用の一部を国が助成する人材開発支援助成金制度もある。(3)

この助成金の対象となるには、研修の内容はもとより、社員の社歴、ポジションなどさまざまな条件が付いてくる。

この制度の中で、本書執筆の時点で外国人材が対象となり得るのは、入社５年以内の社員向け研修が対象の「若年人材育成訓練」と、将来海外取引を担う人材を育成する研修が対象の「グローバル人材育成訓練」の２つであろう。

この制度を利用すると、会社が社外に支払う研修費用の少なくとも45％から最大60％と、その研修受講時間１時間当たり少なくとも７６０円／人から最大９６０円／人の労賃を国に負担してもらえることになる。

わたしの会社による外国人材向け戦力化支援研修を受けた顧客企業の多くが、この人材開発助成金制度を活用している。

▼優秀な外国人材に日本企業が選ばれるために

外国人材の具体的な活用については、次章で詳しく見ていくが、外国語を活用するなど平均的な日本人社員では慣れていない業務への即戦力としての「助っ人役」や、日本人の気づかない日本（企業）の魅力に気づき、それを世界に分かりやすく伝える「情報発信役」、日本の文化・製品・技術・サービスの良さと、一方で自分の母国の消費者の感性やニーズを理解し、つなぎ合わせる「ブリッジ役」などさまざまな役回りが期待されている。

とはいえ、日本の労働人口に占める外国人材の割合がまだ２％台と抑えられていることからして、今の日本企業の意識の中には、外国人雇用市場は〝買い手市場〟との意識があるのではと感じるときもある。本来は日本人を望むが、その応募がない場合日本での就職を希望する「ガイジン」であれば採用できるだろうという意識である。

日本が置かれている現実はどうであろうか？

アジア諸国での留学先の傾向を関係者に尋ねると、トップクラスの優秀な人材は進学であれ、研究であれ就職であれ、欧米や豪州、ニュージーランドを希望する割合が高いという。アジアの中ではシンガポールの人気が高く、日本はその次といったところだという。

全国民の平均年齢が40代となっている我が国はもとより、アメリカをのぞく先進国の多くが今後少子高齢化となる中で、平均年齢が20代と若いアジアの人材は、遅かれ早かれ売り手市場となることは間違いない。

まず、日本全体として外国人材を考えるときに、わが国の魅力を良く理解したうえで、彼らに日本を選んでもらうための準備（情報発信やマーケティング）が必要であろう。

そして、日本を選択する海外の若者の母数を増やしたうえで、できる限り優秀な人材を選び、育成していくノウハウが必要となる。

優秀な外国人材に日本を選んでもらうためにも、外から見た日本の魅力を知る必要があり、そのためにはそれを外国人から学ぶことが近道である。

▼外国人が常に身近にいる環境づくり

もう１つ、外国人が常に身近にいる環境づくりのメリットにも触れておきたい。わたしの拙いビジネスマンライフを振り返ってみたときに、自覚的に自分が良い意味で変わった（成長した）と感じたのは海外駐在を経験した時であった。

母国「日本」と「我が社」から遠く離れて暮らす機会を偶然得たわけである。属していた社会から物理的に〝外〟に出ると、ふと「なぜ日本は？」、「なぜ我が社は？」と自分なりに深く考えることになる。

わたしは前職での海外駐在先が米国であったので、「なぜ日本は？」と考える際のベンチマークはもちろん米国やアメリカ人、アメリカ企業であった。

アメリカ人がよくしゃべるのは今に始まったことではないが、ブログやニュースレター、ホワイトペーパーなど、さまざまなフォーマットで意見や考えを社外に、そして世界に発信している。

日本では「沈黙は金」、「言わずもがな」、「空気を読む」ということで、あえて情報発信するという「習慣」はなく、むしろ「秘密主義」「囲い込み」が目立ち、結果として「神秘な国ジャパン」のイメージをアメリカ人にもたらすことに気づく。

わたしは「ジャパンダイジェスト」とよぶ英語版の日本のニュースや、「ニュースレター」と称する日本語での海外情報を、前者は海外、後者は国内の取引先や友人・知人に隔週で発信している。その背景に、米国駐在中に感じた情報発信に関する日米の感性の違いへの気づきがあった。ちなみに、本書の「寄せ書き」を記していただいたミッキー・カンター氏とは、この「ジャパンダイジェスト」の配信を通じて関係を継続させていただいている。

この気づきは自分から求めたのではなく、当時わたしが勤めていた会社が、会社の費用でわたしをわざわざ海外に駐在させてくれたある種「偶然の環境変化」がもたらしてくれたもので、会社に感謝することはあっても、自分の主体性や積極性がもたらしたものとは思わない。

ただ、この経験を通じて強く思ったことは、環境を変えると視点、思考が刺激を受けて否が応でも「考える」ようになるということである。若いうちに色々な環境を経験することは意味があるとの思いである。

あわよくば、日本の若者が皆一度は海外に住んで、外から日本と自分の所属組織を見つめ、じっくり考える環境を持てると良いと信じる。

ただ、駐在員を1人海外に置くだけでも莫大な経費がかかるわけで、そう簡単に実現することではない。その点、経済産業省とジェトロは日本の中堅・中小企業の若手・中堅社員の海外でのインターンシップの経費を補助するプログラムを進めていることは、大いに意義のあることと感じる。

ただ、仮に日本人社員を海外に派遣できなくても、優秀な外国人材を職場に招き入れ、新しい環境を創出していくことは比較的容易に可能であろう。

そうした新たなエコシステムにおいて、日本人社員、特に若手社員が新たな客観的視点を得て、「なぜ日本では？」、「なぜ我が社は？」と考えるきっかけが生まれるのではと信じたい。

外国人材を職場に招き入れる際には、本章で述べてきたようなさまざまな準備の手間や時間という負担がかかることは事実だが、それによる「職場の環境変化」が社員と職場にもたらすメリットの大きさについても声を大に主張しておきたい。

注

（１）キャリアコンサルティング・キャリアコンサルタント（厚生労働省）（https：//www.mhlw.go.jp/stf/seisakunitsuite/bunya/koyou_roudou/jinzaikaihatsu/career_consulting.html　２０２２年９月９日閲覧）。

（２）教育訓練給付金制度（厚生労働省）（https：//www.mhlw.go.jp/stf/seisakunitsuite/bunya/koyou_roudou/jinzaikaihatsu/kyouiku.html　２０２２年９月９日閲覧）。

（３）人材開発支援助成金（厚生労働省）（https：//www.mhlw.go.jp/content/11600000/00807259.pdf　２０２２年９月９日閲覧）。

コラム

継承される文化① JETプログラムで世界とつながる日本の地方都市

読者は「JET（ジェット）」というプログラムの存在をご存知であろうか。

公式サイトによれば、「JETプログラム」とは「語学指導等を行う外国青年招致事業」（The Japan Exchange and Teaching Programme）の略称で、地方自治体が総務省、外務省、文部科学省及びCLAIRの協力の下に実施している事業である。

JETプログラムでは、日本に興味を持つ海外の若者（もっぱら大卒の社会人）を夫々の国で選抜し、日本政府の費用で招致のうえ、地方自治体、教育委員会および全国の公立の小・中学校や高など学校で、英語などの外国語教育の補助教員役や、自治体でのインバウンド対応業務あるいは対外情報発信業務を担当してもらうことになる。

本プログラムは令和3年で35年目を迎え、現在招致国は60か国弱、参加者も年間約6000人となっており、累計すると開始以来、75か国から7万人以上もの海外の若者が参加している。

彼ら彼女らは、日本中の小・中・高の学校で日本の子供たちに語学を教えつつ、あるいは役場で海外向けに地元の文化や特産品の情報発信を行いつつ、地元のお祭りや文化事業に積極的に参加し、地元の老若男女と交流していく。

そうして日本の地方の人々が外国人材とその母国の文化に親しみを感じるとともに、外国人材の方も日本への深い愛着を感じ、その多くがJETプログラムの任期の3年ないし5年が過ぎた後も、日本で就労先を探し、日本に留まろうとしている。

わたしの会社でもこれまで数多くのＪＥＴプログラム出身の求職者を国内の中堅・中小企業に紹介してきた。

外国人就労者はもっぱら東京や愛知、大阪など都市圏に多く集中していることは事実だが、このＪＥＴプログラムに参加する外国人の多くは地方都市で活躍しており、幾分大げさな表現だが日本の地方都市と海外との文化の橋渡し役となっていると言えよう。

第5章 外国人材の育成と活用
——ともに働き、ともに暮らす——

1 重視する育成ポイント

▼マンツーマンリーダー

わたしの前職の会社では、新入社員を指導する先輩社員のことを「マンツーマンリーダー」と呼んでいた。会社によっては「チューター」とか「メンター」「指導員」と呼んだりもしているであろう。

配属初日から外国人材が社員として迷わずに行動がとれるよう、逐一指導できる日本人社員（あるいはすでに先輩の外国人材がいればその人物）を決めておく必要がある。

入社から5年ないし10年を経ている、能力の高い中堅社員のイメージである。

当然同じ部署の先輩で、少なくとも外国人材が担当する業務を経験したことがある社員が理想である。

外国人材の性格、適性なども観察しつつ、適当な距離で伴走してくれて、必要な時に頼りになる相性の良いコーチ的人材が望まれる。

ただ人的な余裕がない場合、上司が直接指導・命令することになるであろう。その場合、外国人材に対し指導者が体育会系的（高圧的）になっていないか、あるいは放任主義的になっていないか、社長や経営幹部が日々観察し、必要に応じ介入することも求められよう。

昼食時に外国人材は孤立しやすいので一緒に食事をしたり、雑談したり、生活上の問題などで相談に乗ってやったりということもマンツーマンリーダーに期待したい。

コロナ禍以前であれば、飲み会などの懇親会への誘いでスキンシップも図れたであろうが、コロナ禍ではより一層、日中のコミュニケーションと面倒見の良さを通じて外国人材の孤立感や寂しさを取りのぞくことが期待される。

マンツーマンリーダーとなる社員には、担当業務以外の負荷が加わることから相応の能力のある人物を選びたいものである。

また、「教えることは学ぶこと」で、外国人材に「なぜ」「何を」「どのように」と業務説明していく中で、リーダーにとっても新たな気づきを得て成長する機会となるであろう。

特に外国人材の場合、日本人以上に「なぜ」と尋ねてくる可能性が高いので、説明する側の深い理解力と論理的な説明力が求められる。

そういった点も含め、マンツーマンリーダーを任せる社員には、事前に「任せる狙いや期待」を良く説明しておく必要があろう。

第2章で紹介した神奈川県にあるS社に勤めるアメリカ人女性Kさんには、同じ部署の先輩の男性（40代）がリーダー的立場に就いている。

彼は技術者で、Kさんが扱う製品の技術的な背景や製造工程なども熟知しており、また英語もある程度話せることから、日本語の専門用語を英語で説明するなどSさんの仕事理解を非常に効果的に進めている。

そしてそれ以上にKさんの信頼を勝ち得ているのが、この先輩の合理的な考え方である。

Kさんが気づいた仕事上の改善・改良すべき点に対し、それらが仮に会社の従来の習慣と異なっていても、理に適っていれば変化を恐れず彼女の考えを応援し、時には一緒に上司を説得するといった行動に出てくれている。

KさんのS社への定着と、その後の活躍と戦力化の裏に、この先輩リーダーのサポートがあることは間違いない。

▼経営幹部による原理・原則の説明

〝日本丸〟という新たな船に乗って人生航路に旅立とうとしている外国人材にとって、その船がどういうきっかけやエピソードに基づいて建造され（創業の精神）、これまでどのような航海を続け（沿革）、どこに向かってどう航行しようとしているのか（理念、ビジョン、ミッション）は非常に気になるところである。ましてやその船の新たな乗員となった外国人材にとって、船のルール（行動基準）、規律、指揮命令系統といったものも知っておきたいと思うであろう。

マンガやアニメ、動画で育った世代でもある彼らに、できれば視覚に訴える形で上述のような会社の重要な情報をプレゼンテーションできると良いと思う。

これを事前にしっかりとやっておくことで、後日、外国人材の行動や考え方を注意し、是正・改善を求める際に、会社のポリシーや行動基準を引き合いに出せば説得力も高まる。

また、外国人材を海外展開の業務に従事させる場合、海外事業をこれまでの会社のポリシーの上でどう位置付けるのかを彼らに一緒に考えさせるためにも、その元となる基本ポリシーを熟知させることが大切になってこよう。

第2章で紹介した埼玉県にある銅合金メーカーY社では、創業者である祖父、そして中興の祖である父の言葉やエピソードを、現社長が写真やエピソードを交える形で物語風に見やすい冊子にまとめている。

そして会社紹介ビデオを編集するに際して、同社の外国人材（アメリカ人女性と米留経験のあるブラジル人男性）を編集チームに参加させ、欧米の人々に分かりやすい表現で英訳するとともに、この外国人材2名がナレーションを行い、非常に親しみを感じる海外向け会社紹介の動画を完成させている。

これらの活動を通じ、外国人材の会社理解が進み、また愛着やモチベーションも高まったであろうことは想像に難くない。

▼配属先の説明

日本人のように会社には〝白紙〟で入り、会社で学びながらゆっくりと成長していこうとするキャリアディベロップメントのパターンと異なり、外国人材はある程度自分自身の適性、スキルを自覚したうえで入社してくる場合が多い。

そのため、自分が思っている得意領域と違う分野に配属されると「なぜ？」と思う気持ちが強いかもしれない。

そこで事前に、配属に関する会社側の狙い、意図、期待といったものを本人にはっきりと伝えておくと良いと思う。

会社の現場部署を一通り経験させる場合には「どこが強みで、どの部分で付加価値が生じているか、どこに要改善点があるかといった現場経験に基づくボトムアップの視点を得るためにこれらの経験が必要である」などと説明できるであろう。

一方、会社の本社機能（業務、企画、総務、経理・財務など）に配属する場合には、「その経験を通じ、最初に全社的な視点、トップダウンの考え方を持つメリット」を強調できるであろう。

営業に配属する場合には、「日本の顧客とのビジネスコミュニケーションや信頼関係づくりといった、いわゆるハイコンテクストで独特な信頼関係づくりを経験し、良く理解したうえでこそ日本と異なるビジネス文化の海外市場と日本の間での信頼関係づくりにも大いに生かせる」という風に説明できるかと思う。

前出のY社に勤めるベトナム人男性T君と、ベトナム人女性Nさんは、どちらも新潟の国際大学でMBAを取得し、英語も堪能な人材であるが、T君は品質保証課に配属され、品質検査の作業を担当しており、Nさんは機械加工課で切削機械を1台任され、機械加工のプログラミングを学びながら、少しずつ生産性を高める努力をしている。

いずれも過去に経験したことのない分野ではあるが、同社のH社長からは「会社の製品に触れ、その付加価値がどのように生まれているかを自分の業務の前後の流れとともに理解しながらボトムアップで理解してほしい」との事前説明を受けている。

さらには、最初の配属先での上司や同僚から仕事ぶりを認められ、「転属されると困る」と言われるところまで育ってこそ次の新たな責任が与えられる、とも説明しているという。

彼ら2人が持っていて日本人社員にはない語学力やベトナムの知識を生かす場面も徐々に出てくるであろうが、成長の基軸としては会社理解、仕事理解と実績が大切であるとクリアに説明することで、本人たちもまずは現業に集中することができている。

▼報連相

日本企業では指示があいまいな場合が多いと言われる。はっきりと指示しなくても、部下が上司の意をくんで動くことを期待しているからと見られる。

そのあいまいさに伴うリスクを減らすため、部下は日頃から必ず上司に「報連相」を行うことが求められている。また「中間報告」という形で、公式・非公式に進捗を確認し合うことも一般的である。

しかし海外の場合、上司からの業務指示は誤解のないよう明確であり、仮に不明な点があれば、部下はその場で上司に質問して確認をし、一旦理解したならば、後は自分の責任で最後までやり通すというスタイルが一般的である。途中で上司に相談に行くのは能力がないとみなされかねないからである。

したがい、外国人材に報連相や中間報告を期待するのであれば、そうすべきであるとのルールをあらかじめはっきりと定め、その期待値を告げておく必要がある。

第2章で登場したロシア人B君は典型的な自立型人材であった。

彼を採用した当初、彼の上司は報連相のルールをあらかじめ説明していなかったため、一旦仕事を任せると進捗に関する報連相が一切なく、結果が出てからの報告のみであった。そのためうまく行かなかったときなどは、上司としては「もっと早く報告してくれていれば介入して挽回の余地もあったのに」と思うことも何度となくあったようである。

したがって、そういったことのあった後は、上司からちょくちょく進捗を尋ねることとなったが、B君からすると「自分の能力を信用していない」といった風に捉えるのか、良い顔はされなかったという。

事前に方向性を定めたら思い切って任せ、口を出さないことが自立型の外国人材には大切なのかもしれない。

ただ、それでは心配な場合、上述の通り報連相のルールを事前に取り決めておくべきであろう。また、指示の際には「目的」「目標」「期限」の3要素を盛り込むことも大切であると感じる。

▼日本語教育のあり方

大卒のホワイトカラー職の外国人材は日本語が上手であることを前提として採用されているが、過去に日本語を使ったビジネスの経験をしている場合は少ない。

彼ら彼女らは入社後、日常のビジネスの現場、特に会議でのスピーディな議論や質疑応答あるいは早口で話す日本人からの電話の受け答えなどで意味をつかみきれず、自分の日本語能力の不足に気づき何とかしようと思うことになる。

地元の自治体による無料のあるいは安価な日本語講座に通ったり、安い日本語の教科書などを買い求めたりして自習に勤しむ外国人材も多いようだが、自習だけで簡単に上達できるものではない。

一番効果的なのは日本語教育のプロフェッショナルである日本語学校によるプライベートレッスンや少人数コースで教育を受けることで、比較的短期間に相応の上達が見込める。ただ、費用もそれ相応にかかる。入社早々の給与でその授業料を支払う余裕はおそらくはないと思われる。

会社側から補助金を出すことが可能であれば外国人材の日本語上達に対するモチベーションも大いに上がり、日本人社員との意思疎通の質も向上するので組織の生産性向上にも大いに効果を出してくれるものと思う。

ただ、わたしがこれまで外国人材を紹介してきた企業では、総じてそのような語学研修の補助金を出しているところはなかった。いわく、日本人社員でも英会話の自己研鑽を行っているものはいるが、彼らに補助金は出していないので、外国人材にだけ補助を出すことは不公平である、という理由が多かった。

わたしの会社では、入社してくれた外国人材にはジェトロによる貿易実務研修を受けてもらった後に、適宜、外部機関によるオフJT研修の中から本人が受けたいものを選んでもらい受講料を会社が負担するという形で研修を行っている。やはり希望が多いのは日本語のプライベートレッスンである。

彼ら彼女らは、そのままでも問題ない程度の日本語能力はあっても、特に筆記（ビジネスライティング）で一層の上達を望むようである。

そこで比較的近所の日本語学校のビジネス日本語講座を申し込ませ、マンツーマンのプライベートレッスンを受けてもらっている。受講料は月に２―３万円と安くはないが、本人のモチベーションアップと、そして日本語の質の向上は会社にとっても大きなリターンとなっている。

▼評価フィードバックの必要性

わたしが顧客企業に紹介した外国人材と定着支援面談を行ってきた中で、彼ら彼女らからたびたび聞くちょっとした不満が、就職先での評価フィードバックの少なさである。

年に１度か半年に１度の査定面談のような公式のフィードバックとは別に、外国人材の場合、日本人の上司や同僚が彼らに任せた仕事の出来栄えや、仕事ぶりが期待通りかどうかを知りたいようである。何か不足や問題点があるならば早めに知って、改善を図りたいのである。

日本という異文化の地で仕事を始めて、最初からそう簡単にうまく行くとは彼らも思っておらず、改善すべき点はこまめに指摘してもらって善処したいというのがフィードバックを求める理由である。もちろん、うまくやれているところは「うまくやっている」と言葉にして評価して（褒めて）ほしいのである。

日本人社員であれば上司から特にフィードバックがないのは、「自分の仕事ぶりに特に問題はない証拠」と思って気にしないが、外国人材は気にしているかもしれないということを頭に置き、意識的に言葉にして善し悪しをフィードバックすべきであろう。

第２章で紹介したＳ社のアメリカ人女性Ｋさんの場合、日中、所属組織の上司からフィードバックがあることはあまりないが、コロナ前には、折々に上司主催で飲み会が開かれ、その場では「如何にＫさんの仕事ぶりを評価しているか」を飲みニケーションを通じてフィードバックされていたようである。ただ、コロナ禍においては新たなフィードバックの場も必要となろう。

2 「違い」を識り、「違い」を活かす
――情報発信、市場調査、展示会参加、代理店活用――

すでに本書で紹介してきた事例の通り、外国人材を採用する理由や目的、狙いは採用企業それぞれに異なる。ここでは、その中で「事業の海外展開」の目的に絞って外国人材の能力を活かす方法を考えてみたい。

▼英語・母国語でのウェブサイトづくり

日本企業の英文ウェブサイトは日本語の直訳表現が中心で、ネイティブが見ると読みづらく、文字中心のためポイントがわかりにいと言われたりする。またネイティブが使わない表現や誤訳が見られるといった指摘を外国人材から受けることもある。

「餅は餅屋」とよく言われるが、会社に英文サイトがある場合には、それを外国人材にネイティブチェックさせ、誤訳の訂正や、ネイティブの使わない表現、わかりにくい表現を修正させるところから担当させたい。

そして、徐々にサイトのデザインや機能からコンテンツづくりを含め、海外の潜在顧客に訴求するウェ

ブサイトを実現させることを外国人材に期待したい。

もちろん教育効果もある。ウェブサイトのネイティブ化作業を通じ、外国人材に会社の歴史や製品、サービスへの理解・愛着を深めてもらうわけである。

もし現状、英文のウェブサイトを持っていなければ、外国人材に海外でアピールする文章を英語で書いてもらい、同じく訴求する写真、動画の案を考えてもらうなど、まずはネイティブコンテンツを集めた上で外部のサイトデザイナーと相談することが良いと思う。

中文（中国語）や他の外国語の場合も同様である。

業態がＢ２ＢかＢ２Ｃかでも、ネイティブ化作業は自ずと異なってくる。

Ｂ２Ｂであれば、ターゲット国の業界知識や専門用語も必要となってこよう。

Ｂ２Ｃとなると、ターゲット市場の消費者の特徴や嗜好をある程度意識する必要もあろう。

日本でも今やアマゾンならびに楽天といったネットショッピングが常態化しているが、中国やアメリカのネットショッピングの割合や規模は日本の比ではないほど高く大きい。

そういった国々で流行っているネットショッピングの機能やデザイン、使いやすさ、レスポンスの速さといったものは、商品を提供する側であれ、利用する立場であれ、日本市場の何十倍もの規模の市場にサービスを提供し、日夜激しい競争環境にある中国人やアメリカ人の方がセンスに優れていると思われる。

そういったセンスや知識、経験を活かして海外向けＥＣサイトの構築を企画してもらうことも外国人活用の大いなる可能性であると思われる。

図5−1　アメリカ人材が構築した日本の印鑑の欧米向け輸出用電子商取引サイト

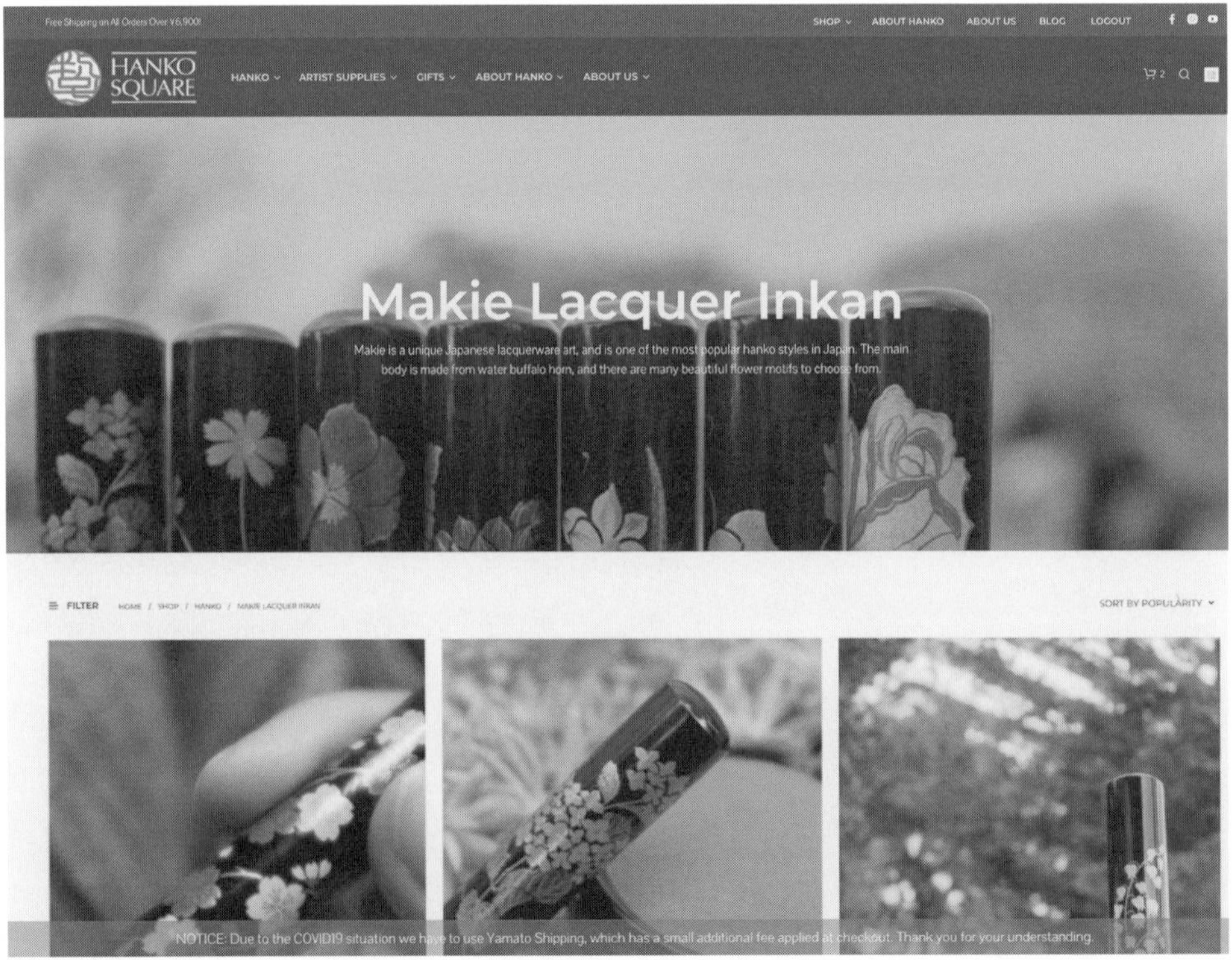

（出所）https：//hanko-square.com/（2022年６月30日閲覧）.

▼英語・母国語でのＳＮＳ対応

今後ますますフェイスブック、リンクトイン、インスタグラム、ツイッターといったＳＮＳを通じたデジタルマーケティングが重要になってくる。

国内はもとより、海外でも〝受ける（人気が出る）〟ために大切なのは、情報発信する頻度と、そのコンテンツの質と言われている。

英語やその他の外国語でＳＮＳから海外に情報発信する場合には、若手の外国人材に会社での出来事や展示会などのイベント情報、新製品情報などをこまめに外国語で発信してもらうことが大切になってくる。それはとりもなおさず外国人材自身の会社理解や愛着を深め、モチベーションを高めることにもつながると思う。

これまでわたしの会社で採用した外国人材は、リンクトインに英語でさまざまな投稿をしてくれている。そのおかげもあってか、特にグーグル広告を出さずとも、日本で求職する外国人材がオーガニック検索（広告に基づかない検索）で会社のサイトを訪れ、コンタクトを求める数が増えてきている。

▼海外進出判断のための海外市場調査、外部環境調査

日本の中堅・中小企業が輸出だけでなく、海外の現地に店舗や生産ラインを設けるといった直接投資を考える場合、経営幹部を中心に社内でタスクフォースを組むことになる。

ジェトロの専門家などのアドバイスも受けながら、そのタスクフォースは投資の目的、狙いといった定性面はもとより、定量的なリターンとリスクを議論し、ＦＳ(1)の前提となる投資先の国・都市の選定と

投資規模、投資回収スキームなどの仮説をつくっていくことになる。

このタスクフォースのワーキンググループに外国人材を加え、同人材にまずはマーケットリサーチ（市場調査）や現地環境調査、法制、慣習の調査を手伝わせると良い。そうすることでFSの進め方が最新の実態に即したものになると思う。

投資先が外国人材の母国であれば、その国の視点、顧客の目線、嗜好、感性といったものに基づくフィードバックが得られ、人脈も活用できる可能性があり、前述の市場調査の質が高まると期待される。

▼生産部門、技術部門、品証部門配属の場合

バブル崩壊後も日本企業が海外で競争力を保ち続けているのが「ものづくり」におけるこだわりの部分であり、性能や精度、品質といった部分にその差別化が現れやすい。

ドイツやイタリアのものづくりも、車のポルシェやフェラーリ、ヘリコプターのアグスタに見られるように、職人芸的なこだわりが随所にみられる。そしてドイツの場合、中堅・中小企業の輸出比率は日本の比ではないほど高い。

その理由の1つに、英語で積極的に自らの長所・強みを発信し、売り込んでいる点があげられる。ドイツは展示会が多く、そこで海外のバイヤーに積極的にアピールしている。もちろんウェブサイトやSNSも同様である。

外国人材が日本企業に就職し、生産部門、技術部門、品証部門といったその会社のコアな競争力をもたらす部門に配属されたなら、日常業務に慣れさせるだけでなく、その部門が担う会社の競争力をしっ

かりと学ばせ、把握させたうえで英語や母国語でそれをパンフレットやウェブサイトに反映させることが会社と本人の双方に有益であろう。そして内外の展示会に参加したなら、来訪者に的確に製品説明ができるようにさせることが大切であろう。

前出の栃木県のフィルターメーカーのV社に採用されたメキシコ系アメリカ人G君は、母国語の英語はもとよりスペイン語も流ちょうであることから、同社の日本語のパンフレットの英語訳とスペイン語訳を率先的にこなしていた。

第2章で紹介した埼玉県の大和合金株式会社が初代海外駐在員としてポルトガルに送り出したブラジル人P君も、それ以前に同社の品証部門などさまざまな持ち場を経ていたおかげで、同社の強みを欧州の地でも直接訴求できたそうである。

▼海外展示会参加

本章ですでに何度か触れたが、改めて海外展示会における外国人材の役割について触れておきたい。海外で行われる展示会に日本から展示参加する場合、外国人材にも参加させることは会社にとっても本人の成長にとっても意義があると思う。

まず参加準備としてパンフレットや動画の英語・母国語訳などを期待したい。外国人材は、そういった作業を通じて、会社の製品に対する知識や専門用語の英語表現を事前に学習できる。

さらにはその展示会に参加予定の外国企業を事前に調べ、顧客候補、パートナー候補、代理店候補などの目星をつけ、事前に電子メールなどでコンタクトし、展示会会期中に個別面談するアポイントを取らせるといったことも任せたい。もちろんそのやり取りは基本的に英語となる。

展示会においては、来訪者との質疑応答、展示物の説明、相手が興味を示した場合の商談など生の「海外ビジネス開拓」の経験を積むことができる。

自社ブースを訪れた来訪者の名刺を受注の可能性の順に仕分けさせるとともに、潜在顧客リストを作成させ、帰国後に展示ブースへの来訪のお礼を述べつつ引き合いを求めるフォローアップメールを出させる。こうした一連の展示会業務の流れを外国人材にしっかりと身につけさせたい。

何度も海外の展示会に参加するようになれば、一つひとつの展示会のポイントやツボといったところが本人にも見えてくるであろう。その気づきを基に、展示物や展示のやり方の工夫、事前のアポイントの工夫などにどんどん主体性を発揮してもらいたい。

前出の栃木県のV社のネパール人Rさんは、何度も海外展示会に参加することで、展示物やスモールギフト、バナー、ポスターなどを自ら工夫して訴求力を高める努力をしていた。

▼代理店コントロール

読者の会社が海外代理店を起用する場合、ターゲット市場で会社の製品やサービスを積極的に売り込み、実績を挙げてくれることを大いに期待することになる。

わたしの経験では、そうした海外代理店と契約締結をした最初の頃は、代理店の方もモチベーション高く活動してくれるが、その後、簡単には売り切れないとわかるとモチベーションが下がり、活動が停滞するケースが見られる。したがい、日本側としては販売成果が挙がるよう海外代理店に相応のプレッシャーを与え続ける必要がある。

基本的に海外代理店との間では、まず新年度の販売目標と達成計画について意識統一し、その後の進捗を定期的に報告させたり、時には現地に赴き同行営業支援したりすることも求められよう。さらにはビデオ会議などで定期的に相手の熱意を感じることも大切である。

これらの代理店コントロールを、経営幹部が行うにしても中堅社員が行うにしても、外国人材を右腕として育てつつ使っていくことが効果的であり、かつ外国人材自身の成長にもつながると思う。

国や地域ごとに代理店をうまくコントロールしていくノウハウが外国人材にも備わっていけば、本人のモチベーションもさらに高まると感じる。

3　日常化する「越境」
――ネットを超え、海を越える――

▼ **語学力を生かした海外とのコレポン・折衝（輸出）**

前述の英文サイトや英文・母国語でのＳＮＳなどで重要なことは、会社の能力、強み、実績などを海外の潜在顧客に的確にアピールし、興味を持ってもらうことにある。

その結果として「問い合わせ」や「引き合い」を海外から得ることが期待される。

次に、「問い合わせ」や「引き合い」が来た際に、外国人材にどのように社内処理させるか、ルールを決めておくことが肝要である。以下は一例である。

「問い合わせ」「引き合い」を海外から入手する（英文、中文など）。

↓

直属の日本人上司に内容を日本語ですぐに報告する（報連相重視）。

↓

上司は外国人材に対し、問い合わせしてきた海外の相手を調査するよう指示する。

↓

上司に調査結果を報告。上司はその情報に基づき、問い合わせ相手に対し問い合わせの背景、目的、意図、狙いなどを尋ねるよう外国人材に指示する。

↓

必要な情報が入手出来た時点で社長以下経営幹部は見積を作成するかどうか、する場合にはどのような方針で見積もるか（国内と異なる直接費・間接費、リスクを見込んだ収益性、戦略性（競合がいて継続性がある場合の政策的価格を提示するか）など）を検討し、社内で意識統一して対応する。その意思決定の過程に外国人材を巻き込むことで、日本特有の合意形成やコミュニケーションスタイルに関するビジネスカルチャーを示していく。

↓

製品によっては安全保障貿易の事前チェックをかける。

←問い合わせ相手への返信後、条件交渉となった場合は外国人材に単独で交渉させず、重要度に応じ幹部を含め条件交渉を行う。もちろん外国人材はその間、電子メールであれ、ズームのようなビデオ会議であれ、通訳の立場で矢面に立つ。

←交渉や折衝で重要になるのはメモや議事録であり、外国人材には交渉相手との間では英文か母国語の書面を残し、並行してその内容を日本語で記載する訓練をさせ、その内容を上司が添削するなどして日本語能力の向上も図る。

←最終的に合意内容を契約書に落とし込む。相手がエンドユーザーであれば売買契約、代理店であれば代理店契約（販売店（ディストリビューター）と販売代理店（エージェント）の区別がある）および標準売買契約を交わす。売買契約の主なポイントとして、通貨、支払い条件、受渡条件、納期、ワランティ（瑕疵担保責任）、不具合品と代替品の輸送費用負担の取り決め、その他のリスク分担の在り方などが挙げられる。

なお、輸出の場合は、材料費など直接経費や間接経費の中で日本国内で支払われている消費税が還付されることも外国人材にも理解させておく必要がある。そのうえで価格交渉に臨むようにしたい。

栃木のフィルター、ストレーナー製造会社のＶ社は外国人材が中心となってウェブサイトを通じた英語圏向けの情報発信や販売促進活動を行っているが、最近のヒットとして世界的に有名な電気自動車メーカーのテスラからオンラインで引き合いが入り、同社への輸出が始まっているという。

▼語学力を生かした海外とのコレポン・折衝（輸入）

国内で材料や部品を調達するコストに比べ、海外、特にアジア地域で調達する方が安く済む場合がある。本書執筆の時点では為替レートはかなり円安となっているが、将来円高に進んだ場合はもちろん、TPPなどの自由貿易協定加盟国であれば関税が無税か、低く抑えられる可能性もある。

輸入のマイナス要因としては、品質と安定供給に対する懸念や輸送費および保険料などの追加経費が考えられる。

外国人材の出身国から輸入する場合には、こういった事前の要調査項目を比較的スムースに確認することも可能となるであろう。

相手国が外国人材の出身国でなくても、英語が使えれば大抵の国が英語を話すため、外国人材にテーマを与えて競争力のある調達先を探させることも効果的な職務と言えよう。

第2章に登場したインドネシア人のKさんは、現在、ドイツや台湾からのマテハン機材の部品輸入やアメリカからのポップアップカードの輸入を担当する一方で、日本の女性消費者向けに輸入販売できそうなインドネシアの伝統的商品の発掘をしている。

▼新たな商材を海外に求める

グローバルな競争が激化する中、品揃えへのこだわりや、性能・精度、品質へのこだわりなどグローバルに評判を呼ぶユニークな特徴が大切になっている。

日本の中堅・中小企業も日頃から世界に目を向けて、自らの商品、製品、サービスのラインナップを補完・補強する新たな商材や技術を調べておくことが重要となろう。

その点、海外展示会は関連業界の最新動向を肌で感じ、具体的な情報（パンフレットやチラシ）を集め、あわよくば人間関係を構築する効果的・効率的な場といえる。

前出の栃木のフィルターメーカーV社に勤めるネパール人Rさんは、数々の海外展示会で自社ブースを設営し、対面で売り子に徹するとともに、展示会場をすみずみまで回り、他社情報をこまめに集めては同伴の社長にレポートしていた。

英語能力のある外国人材に目的意識を持って展示会場を〝偵察〟させ、面白いネタを集めさせることも有益であろう。ただ、今のコロナ禍では海外展示会の参加もままならず、その点ではインターネットを通じた情報収集が大切になる。

インターネットは外国人材の母国に限らず世界中におよぶため、検索エンジンを通じ、そういった新商材や新技術に常にアンテナを張っていくことが可能となる。

この場合、検索のキーワードを何にするかを外国人材が上司や同僚と相談し合うことにより、自社商品や技術への理解が深まり、日本人社員にとっては英語などでの検索の仕方やそれに伴う海外サイトに対する注意点を学べることになる。

第２章で紹介したロシア人B君は、アメリカのユニークなポップアップカードを国内の有名なバラエティーショップチェーンに卸すために、アメリカ側との交渉と国内での売り込みを日本人社員とともに成功させたことはすでに紹介したとおりである。

やはり海外の面白い〝ネタ〟を探すことに関し、若い外国人材の好奇心と日本人社員の商品知識、人脈、経験をうまく組み合わせるべきではと感じる。

▼業務の抜本的見直し

日本人同士の会話が世界に比べ圧倒的にハイコンテクストであることもあり、日本の組織内には、誰が決めたかわからない「社内ルール」や「業務の進め方」が疑問を持たれずに後輩に受け継がれているケースが多いのではないか。

一方、日本企業を取り囲む外部環境は日々刻一刻と変わり、それが現場にも何らかの「変化」をもたらしている可能性がある。そうであるならば、現場発の「変化」「変革」を促す問題意識や当事者意識が大切になろう。特に今回のコロナ禍での環境変化はかなりのものであると推察する。

外国人材の採用は、従来の仕事のすすめ方や社内ルールを最新の現場の状況に基づいて見直し、改変するチャンスになると考える。「なぜそう進めるのか」「なぜこのルールがあるのか」を論理的に説明しないと外国人材の納得は得られないからである。

社内業務や社内ルールから習慣・慣習といったものまで、できる限り外国人材に「なぜそうするのか？」と疑問に思うところを素直に質問させ、その回答を一緒に考えていくことが現場発の変革にとって大切だと思う。

また、外国人材に母国で似たような業務経験があり、日本での進め方との違いに疑問を持った場合、チームとして改めてデータを取り、分析するといった態度で臨めれば、思い込みでなく、客観的・合理的な仕事の進め方やルールへの改善が進むきっかけになるのではと感じる。

▼日本人社員のための語学研修

海外取引を継続的に行うためには、やはり海外取引を担当するセクションの日本人社員の英語力を高めることも大切になる。

そこで、同じセクションに配属される外国人材に、日本人同僚の英語力を身近で感じさせ、夫々の社員のレベルに応じた「伝わる英語」「理解できる英語」のポイントを伝授させ、促成栽培を図ることを検討できればと思う。

第2章で紹介した神奈川県の半導体製造装置向けセンサーメーカーS社のアメリカ人Kさんは、同社のアメリカ進出のために創設した米国現地法人での地元アメリカ人採用の際に気を付けるべきことや、日本とのビジネスカルチャーの違いなどを社内幹部に解説するとともに、アメリカ企業との交渉にも参加して準備とフィードバックなどで貢献している。Kさんはさらに、同じセクションの同僚はもとより上司に対しても英語研修の講師役を買って出て好評を博している。

この研修は社内でイングリッシュ・アワーズと呼ばれている。

▼マニュアルづくり

日本語が母国語ではない外国人材が入社したての頃は、コーチ役の日本人の先輩や同僚から業務を手取り足取りの指導を受け、OJTで学ぶしか術はない。

一方、継続的に外国人材を採用するようになると、それまでの試行錯誤の苦労やそれぞれの外国人材が気づいた業務に伴うノウハウ、教訓といったものが積みあがってくるであろう。それらを英語や母国語でまとめ、マニュアル化しておくことで後輩の外国人材が入社した際に、習熟の効果が大いに高まると思う。

また、そのマニュアルを日本人同僚と協働で都度更新していくことが社内の日本人社員とのコミュニケーションや相互理解の深化につながるであろう。

さらにそのマニュアルは、当該企業がいずれ海外に進出する際の現地雇用スタッフにとっての教材となる可能性もある。

こういった外国人材によるマニュアル作成の狙いや意図については、第2章で触れた埼玉県の印刷・製袋業の日照堂の社長の考えが参考となる。

▼ 1年以上経ったあとで業務を振り返り、改善提案をさせる

外国人材が入社後、異文化コミュニケーションの苦労を超えて、一生懸命走った1年目から2年目に入るころに、あるいは2年目から3年目に入るころ、最初の1年ないし2年をじっくりと振り返る時間を与えられると良い。

彼ら彼女らの母国の文化と異なる日本の職場で違和感を持ったり、疑問に思ったり、逆に感心したりしたことも多々あったと思う。

外国人材だからこそ気づく日本特有なこと、あるいは会社固有なこともあるであろう。そういったものをできるだけ多く思い出してもらったうえで、彼らの目から見て良いと思うもの、海外で通用すると思うものを「グローバルな強み」として社内で認識し、意識統一を図れると日本人社員の視野も広がるであろう。

一方、彼らが疑問に思うことや違和感を持ったことも忌憚なく話してもらい、もし彼らに「こうすべきでは？」という改善案があればそれを検討し、なければ会社としてどう改善していくべきかを社内で一緒に検討していく「カイゼン活動」が考えられると思う。

こうしたことを地道に積み上げていくことが、組織の多様性価値（ダイバーシティ）実現につながっていくはずである。

注

（1）Feasibility Study（フィージビリティスタディ）。

コラム

継承される文化② 国技を担う
――大相撲――

日本のプロ野球やJリーグ、Bリーグ（バスケットボール）やVリーグ（バレーボール）などでプレイする外国人選手は、基本的に母国などで実績を残した著名な選手がほとんどである。

これに対し、同じスポーツ界でも大相撲はだいぶ異なる。

日本人・外国人に限らず、多くは中卒、高卒のまだ少年の段階で相撲部屋に入り、育成されていく。

中学校や高校、地元町内会の相撲大会でどれだけ強かったとしても、大相撲で通用するかどうかはしばらく経たないとわからない。

読者は、宮城野部屋という相撲部屋をご存知であろうか。

わたしは当初全く知らず、横綱白鵬が所属する部屋と知って調べてみた。

もともとは横綱吉葉山が引退後一代年寄で起こした吉葉山道場を、名跡変更に伴い8代宮城野を襲名し、部屋名を宮城野部屋に改称したものだそうである。

その後、前頭十三枚目まで行った竹葉山（しこ名）が、第10代の師匠となった後の2000年、後の第69代横綱白鵬となる当時16歳のムンフバト・ダヴァジャルガル(1)をモンゴルから受け入れた。

そのころの白鵬は、身長は175センチあるものの、体重は68キロとひょろひょろだったそうである。

そもそも、相撲取りになるつもりはなかった白鵬少年だったが、モンゴル相撲の横綱で、オリンピックのレスリング競技でモンゴル初の銀メダルを獲得した「モンゴルの英雄」である父のところに、「日本で相撲の勉強をさせては」との声が入り、2か月間観光がてら日本の相撲部屋を回ったそうである。

身体が細く、本人もその気もなかったので、どの部屋からもスカウトの声はかからなかった。それでも白鵬の父と友人であったモンゴル出身の旭鷲山関が、友人の宮城野親方に「モンゴルの英雄の息子をスカウトなしで帰国させては良くない」と掛け合って宮城野部屋に入門させたそうである。

親方は白鵬少年を1度も見ていなかったそうで、「もし親方が見ていたら、こんなひ弱なやせっぽちはダメだ、ということになっていたかもしれない」と白鵬自身が述懐している。

さらには、「大きな部屋だったら、素質があってもつぶされていたかもしれないし、あまりに小さな部屋だったら稽古相手もいないだろうし……」と、月刊誌『致知』で元横綱大鵬の納谷幸吉と対談した際に語っている。

有名な相撲部屋を大企業に例えるならば、白鵬少年は、自分の就職先が中小企業であったからこそ社長（師匠）や先輩から手取り足取り育ててもらって、今日があると思っているようである。

また、食生活を通じてしっかりと体を大きくすること、昨今流行りの筋トレではなく四股や鉄砲を通じ、相撲取り特有の柔らかく、ケガをしにくい筋肉や柔軟性を養う、という基礎を身に付けていったようである。

それにしてもプロ野球やJリーグのようなスター外国人選手ではなく、相撲取りにしては痩せすぎていて、「宝の原石」かどうかもわからない少年をまずは受け入れ、育ててみようと思った宮城野親方にどの程度の勝算があったのであろうか。

　それまでの相撲人生を通じ、入門してくる少年が親元を離れ、厳しい縦社会・実力主義の生活に戸惑いつつも、その環境を受け入れ、稽古を着実にこなす中で徐々に「成長欲」のスイッチが入り、人が変わる弟子もいることを何度も見てきたのかもしれない。

　日本人の少年であれば、つらくなったら部屋を抜け出して親元に帰ることも可能だが、モンゴルから来た白鵬少年は、帰りたくてもそう簡単に帰国はできず、ましてや母国の英雄である父の顔に泥を塗ることもできず、退路を断って努力したものと思われる。

　その白鵬は来日からわずか7年で横綱に昇りつめ、大鵬の記録をはるかに超える45回もの幕内優勝を果たす大横綱となり、2021年9月場所で引退したことは読者のよく知るところである。

　身長も192センチにまで伸び、体重は151キロと来日時の倍以上に成長している。

　彼自身が大切にする心・技・体の「心」の部分も高みを目指し、日本の相撲の歴史を深く学びながら日本の精神性を身に付けようとしている。

　前出の大鵬との対談で、白鵬は「明治時代に日本人はみんな髷を切ったわけですが、明治天皇は力士にだけは髷を残すとおっしゃった。そういう意味で天皇陛下と相まってずっとどこかでつながってきた気がするんです。だから相撲が終わってしまえば日本が終わる。そういう強い気持ちが私にはあるんです」と語っている。

　これに対し、大鵬は「なぜ外国人は相撲を見ると『日本』を感じるのか。それは今の日本が失ってしまった「日本の心」があるからです。

昔の日本には、自分を律する厳しさ、信念に生きる強さがありました。相撲界からはそういった心を失ってほしくないと強く願っている。(中略)白鵬はよく勉強しています。双葉山関だけでなく、普通の日本人力士よりよっぽど日本の歴史や相撲の歴史を知っています。『相撲は日本の国技だから日本人でないと……』という方もいますが、モンゴルから来ても日本の伝統文化を守ってくれているわけでしょう。同じ人間ですから気持ちが溶け込めばみんな一緒です」と語っている。

モンゴルの英雄である父から受け継いだDNAが優れていた可能性は高いであろうが、「宝の原石」を「日本」という環境で、「誰が」「どの砥石で」「どう磨くか」によって結果がさまざまに変わってくると考えられる。

白鵬自らが認めるように、大部屋の威光で迫る親方でなく、宮城野部屋という中小規模の部屋で、相撲の基本にのっとって身体づくりから四股・鉄砲の反復練習で基礎をつくることを指導してくれた宮城野師匠のアプローチが、原石を「玉」に仕上げたと言えなくもない。

外国人力士を外国人材、親方・師匠を中小企業経営者に置き換えてみたときに、何か参考となる指導・育成の切り口やアプローチが見えてくるのではないであろうか。

注

(1) 日本国籍を取得し、白鵬翔という日本名で帰化している。

第6章

成長する中小企業
——外国人材が彩る企業の多様化——

最終章となる本章では、日本の中小企業の成長のあり方を考えてみたい。

企業は人間と同様、生誕から幼年期、青年期、壮年期を迎え、成熟していくイメージもあるが、人間と異なり外部環境や内部資源の変化に対する施策の当たりはずれ、すなわち経営次第で急成長や急低落することもある。

また、企業は人間の脳にあたる「経営者」を代替わりしていくことでもまた新たな「生命」を宿していくことができる。

アメリカのシリコンバレーやドイツのベルリン、イスラエルのテルアビブなどでは「ユニコーン」という「創業してからの年数が浅く、かつ企業価値評価額が10億ドル以上の未上場ベンチャー企業」を目指す起業家が多くいる。

これは売上や収益といった規模と収益性データを、あたかも人間の身長・体重のような成長の指標として捉えているわけである。

日本の中小企業も、もちろんこういった指標に基づく「成長」、いわゆる増収増益を模索しているわけであるが、一方で、日本では、人間でいう「人格と品性の陶冶」といった求道的な価値、いわば社格の発展を目指す企業も多々ある。

本章では従業員数や売上・利益といった定量的規模の増大を「成長」として、また社員の能力や人間性、上司のリーダーシップといった社員の進化を「発達」として、そして経営の進化を「発展」として表現し、外国人材を触媒に成長・発達・発展をもたらす何らかの変化を起こしていくことを考えてみたい。

すなわち、外国人材を迎え入れることを単なる「労働力補充」に留めず、組織内での良き化学反応を起こすことで新たな将来につなげられないかという観点から考えてみたいと思う。

1 新たな市場開拓の担い手
――企業にもたらす成長の種――

サービス業を中心に、労働集約型の業務であれば、「稼ぎ手」を増やして売り上げと利益の総額を増す経営が考えられる。「稼ぎ手」にはコストもかかるが、稼ぎ手1人当たりで得られる利益が間接費も含めたコストを上回れば、会社の「成長」はありえる。

ＰＰＭ（Product Portfolio Management）という１９７０年代にボストン・コンサルティング・グループが開発した製品および事業のポートフォリオで、事業と市場の現状を客観的にとらえる手法がある。

このＰＰＭの４象限（図6-1）の右上の「問題児」あるいは左上の「花形」に現在の事業がある場合は、

市場の成長率が高いので、「稼ぎ手」を増やしていくことでシェアの拡大を狙うことも経営の重要な一手となろう。その場合、少子高齢化で従来の求人での正社員採用が難しければ派遣社員、高齢者の再雇用、主婦などのパートとともに外国人材も「稼ぎ手」候補となる。

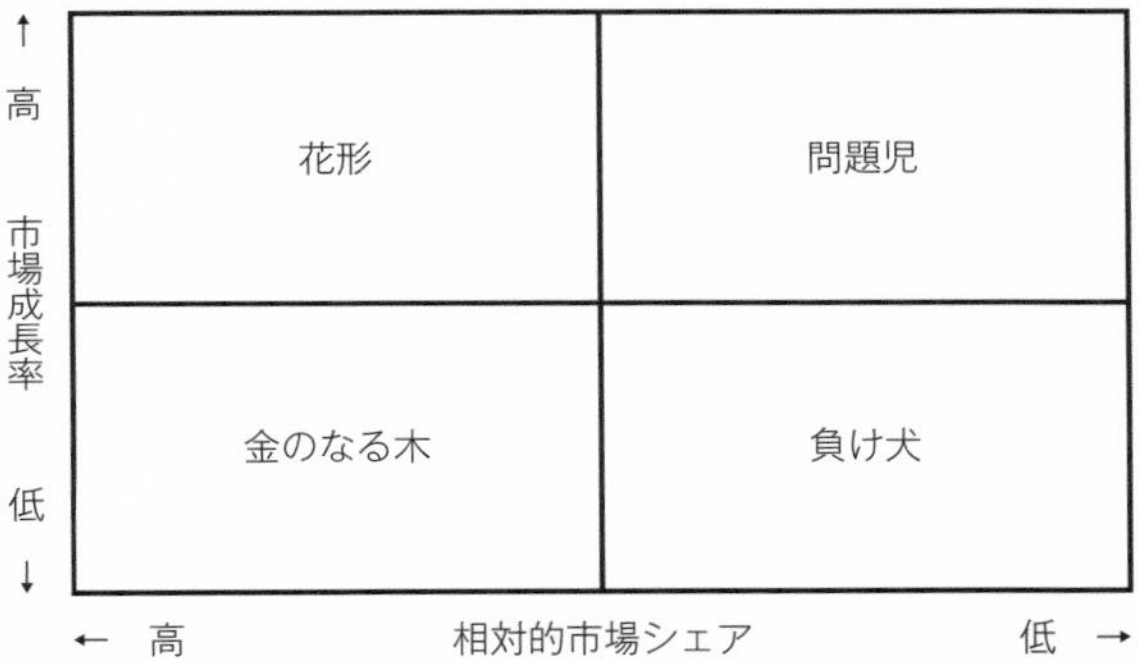

図６−１　プロダクト・ポートフォリオ・マネジメント

（出所）公開情報に基づき筆者にて作図.

すでに前章で見てきた通り、外国人材ならではの「稼ぎ方」として海外市場向けの輸出、海外での新商材発掘、海外からの安い資材の輸入、越境ＥＣサイトを通じた販売、インバウンド向けサービス対応、といった従来対象としていなかった「外需市場」の取り込みも考えられる。この外需市場は日本国内の内需市場よりもはるかに高い市場成長率を示しており、特にデジタル化を通じたオンライン取引の成長は著しい。

日本企業の輸出依存率はドイツや韓国に比べると遥かに低く、特に中小企業では平均すると総売上の５％にも満たない。まさに「問題児」の状況である。逆に言えば、そこに会社の「成長」を図る大きな伸びしろがあるともいえる。そのため、Ｂ２ＢであれＢ２Ｃであれ、会社と会社の製品・サービスの特徴を英語や中国語などで発信していくことが重要になってくる。そこで使う言葉の表現や写真、動画に至るまで、想定している相手国の方々に訴求する表現力、感性を駆使することが大切になる。

B2Bであれば、海外の展示会への展示参加、商談会参加、そして展示会を回っての参加企業との関係づくりや、自社展示ブース訪問客との関係づくりと継続が求められる。

B2Cであれば、海外の消費者が日本の文化のどういった点を評価しているのかを理解して品ぞろえや売込みを行うことが求められる。これはインバウンド向けの実店舗の店づくりはもとより、越境ECサイトへの集客方法や、サイト上での品揃えと商品の見せ方にも関わってくる。

こうした輸出・海外取引を通じた会社の売上・利益の「成長」をもたらすためには語学力はもとより、海外の文化、慣習、表現力、感性を持った優秀な外国人材が最適な「稼ぎ手」となり得ることは理解いただけると思う。

▼人材こそ「成長」の素──地方出身の「金の卵」から海外出身の「金の卵」へ

より高い視点と広い視野を持ち、経営理念とビジョンを掲げ、社員の幸せと顧客満足の実現を目指す中堅・中小企業経営者の経営のあり方も、時代によって変遷してきたと思う。

戦後間もない頃の創業社長の時代は、何から何まで自分自身で手がけるプレーイングマネジャーであったであろう。その後、日本の経済力が復活し、消費需要も増すとともに、必要な生産力として「金の卵」が地方から都市部の企業に就職し、中小企業にも定着し、大切な戦力となっていった。

繊維、化学品、鉄鋼、自動車、半導体、産業機械と日本の主要産業が変遷していく中で、中小企業も系列的「下請け」の一員として大企業の成長発展の一翼を担い、ファミリーとして終身雇用、年功序列、品質重視のカルチャーを共有してきた。

冷戦時代の西側陣営の棟梁たる米国を頂点とした経済圏において、日本の中小企業も大企業とともに秩序だったサプライチェーンを築いていたわけである。

経営の目線も、自らの周辺と発注元の大手企業の調達部門に焦点を合わせ、それ以外は費用低減や品質向上といった社内改善に向けられていたものと思われる。

その後、冷戦構造の崩壊やインターネットの登場、そして日本では「バブル崩壊」が同時に進行し、世界は〝グローバル化〟という名の下にヒト・モノ・カネ・情報・技術がクロスボーダーで流れやすくなっていった。

冷戦崩壊前であっても、発注元の大企業は、プラザ合意による円高誘導や、日本からの輸出攻勢に対する反発（ジャパンバッシング）という欧米の動きに反応し、輸出から海外現地生産に切り替えるべくいち早く海外進出を行った。その際、城下町的に一緒に進出した中小企業もあったが、進出できなかった下請け企業では主従関係が途絶えたところや、突然海外のサプライチェーンとの競合に見舞われるようになった中小企業もあった。

したがって、中堅・中小企業の経営の目線も、時代とともに自ずと３６０度周囲を見渡し、時に水平線を超えて海外にもおよぶよう視点を高める必要性が出てきた。少し大げさに言えば経営の神経を伸ばす範囲がそこまで広がっているということであろう。

また、国内の人口動態も大きく変化してきた。

戦後の経済成長と消費経済の１つの核となった団塊世代の人々は後期高齢者となりつつあり、「金の卵」の地方からの継続的な上京といった人口増、人口ボーナス時代の新人採用・育成は過去の出来事となっている。

日本全体で人口減少が加速する中、中堅・中小企業の経営の目線は、かつて金の卵として入社した人々に、70歳台となっても働き続けてもらったり、地元の主婦の方々に都合の良い時間帯で働いてもらったりといった形での労働力確保に向いている。

将来を見据えたときに、ロボット化やＡＩ化による省人化・無人化という動きも水平線上に見えている。

ただ、ロボットやＡＩに会社の「成長」「発達」「発展」を任せられるであろうか？

わたしは、経営者の理想やビジョンを共有し、その実現に向けてともに考え、熱く語り合い、創造力を発揮し、それぞれの会社の「道」を追い求めてくれる「生身の人間」が今後ますます必要になると感じる。そのためにも人材の確保・育成・活用が今まで以上に大切になると考える。

今回のコロナ禍から、ウィズコロナ、ポストコロナの時代の国と社会、そして会社と従業員のあり方もいろいろと議論されている。

アメリカでは新型コロナウイルス感染症で亡くなった人の数が感染爆発から1年で第２次世界大戦の戦死者を超え、現在も増加中という「有事」にある。

本書執筆の時点でバイデン政権は、１世紀近く前に起こった「大恐慌」という有事を「ニューディール政策」で克服したフランクリン・ルーズベルト大統領の政策を参考とした数百兆円規模の国民生活と雇用を支える社会支援策と、大型インフラ投資を中心とした経済刺激策、そして気候変動対策を議会とともに推進しているところである。

所得階層のピラミッドの最も数の多い底辺から中間層にかけての雇用、医療、教育などを充実させることで、コロナで傷んだ社会と経済を建て直し、トランプ政権で制限された移民流入を通常に戻すことで稼ぎ手を増やしていく考えである。

「リベラル」な政策と言えばそれまでだが、低所得層、シングルマザー、労働者、移民を単なる弱者と見立てて救済するというのではなく、それぞれのポテンシャル、創造力を引き出し、それぞれのアメリカンドリームを実現させるきっかけを与えることで国の発展を図るという「ヒト重視」の政策ともいえよう。

日本はどうであろうか。

テレワークやワーケイションといった新しい仕事のスタイルやライフスタイルが模索されているように見えるものの、コロナ禍を契機に日本政府が国としてどこまで「稼げる」人材の確保に抜本的な変革を模索しようとしているかはまだ良く見えていない。

一方、政治とは別に、世界市民レベルでの日本の人気度は高まっている。

第１章で触れた通り、海外送金サービス会社「レミトリー」がコロナ禍の２０２０年12月に発表した世界の「海外移住希望先調査」では、日本はカナダに次いで世界第２位であった。

日本への移住を希望した人々の母国は、カナダ、アメリカ、モンテネグロ、ジョージア、ネパール、ミャンマー、タイ、カンボジア、ラオス、インドネシア、フィリピン、台湾、オーストラリアの13か国である。ランキングトップのカナダが日本を選んでいるので間接的には日本が人気度トップともいえる。

レミトリーによる分析では、日本の安全性や仕事の機会、生活レベルの高さが人気の理由ではないかと見られている。

時代の変遷とともに経営目線を内外のさまざまな変化に向けつつ、会社を成長、発達、発展させていく際に大切なのは、自らの強み、良さ、魅力、長所をしっかり把握しておくことであり、ゆめゆめ「灯台下暗し」とならないことかと思う。

その意味でも海外の人々にとっての日本の魅力、そして日本での就職の魅力をしっかり認識し、さらには外国人材のプリズムを通して自社の魅力や強みを理解しておくことが大切である。そのうえで、それらのさまざまな魅力を客観的に表現して内外に訴求していくことが、新たな「金の卵」、すなわち有意でポテンシャルの高い外国人材の確保に効果をあらわすであろう。

経済力と軍事力といった国力の点では、世界はますます米中二極化構造となっているが、それとは別の磁力で日本への人の流れが増えていくことを期待する。

▼日本の中小企業の魅力と死角——現場力を「成長」につなげる外国人材

２０１１年３月11日の東日本大震災で、東北の中小企業が被災した結果生じた部品出荷遅延が国内外の大手製造業のサプライチェーンに与えた影響の大きさから、日本の中小製造業の存在の重要性が世界的に認知されたことは記憶に新しい。

グローバルサプライチェーン上の重要な役割を担うオンリーワン的な魅力のある中小企業が日本には数多く存在するということである。

わたしがワシントン駐在時に足しげく通った地元のシンクタンクでも、日本の製造業の国際競争力を支えるサプライチェーンという認識で、日本の中小企業はドイツの中堅・中小企業（ミッテルスタンドという）とともに高く評価されていた。

それでは何がこうした世界で認知される日本の中小企業の魅力、競争力をもたらしているのであろうか。

世界で強い磁場を形成した日本車の生産を、ピラミッド型に支えている中小企業のサプライチェーンを例として考えてみる。

たとえば絶えず変化、進化、発展を遂げる日本車メーカーのさまざまなニーズに柔軟にかつタイムリーに応え、生き残れている中小企業の原動力はプライムメーカーの一歩先を見て行う変化、進化、発展のための努力なのかもしれない。

部品の設計から素材選定、加工、組み込み、溶接、研磨、塗装、組立に至るプロセスの随所に、中小企業の飽くなき「カイゼン」の努力があり、「そこまでやるか」の精神で継続的な挑戦と提案を続けている。

また、大企業に勤めていた技術者が、現場で感じるニーズやシーズを基に挑戦したかった研究開発テーマが、会社の方針と合致しないために認められず、やむなく退社・独立したという生い立ちの中小企業経営者も多いようである。

彼らの原動力は「自ら現場で感じたものをできるだけ早く形にし、マーケットに出してみたい」という情熱かもしれない。

嘉悦大学大学院ビジネス創造研究科科長の黒瀬直宏教授が『複眼的中小企業論』（同友館）で紹介してい

る、中小企業ならではのメリットもある。

すなわち顧客や他企業との近接性や社内の近接性である。それが場面情報という「ニーズや変化の発見」につながりやすく、結果としてイノベーションにつなげやすいという。中小規模の機動性を意識的に「変革」の原動力にしているわけである。

これらの「魅力ある中小企業」の原動力に共通するものとして、いわゆる〝現場力〟があると思う。現場で生じた問題、現場で発見した新たなニーズ、あるいは偶然生じた副産物など日々生じる変化を放っておかず、トップを含めて情報共有し、明日のカイゼンにスピーディに活かしていける力である。現場を大切にしていくという不変の価値観と、現場の変化をタイムリーに経営革新につなげていける攻守のバランスの良さが「魅力ある中小企業」の強さをもたらしているのではと感じる。

ただ、そうした「魅力ある中小企業」にも死角がないとは言えない。

グローバル化の進展がそのひとつである。変化が生じている〝現場〟は必ずしも日本国内だけではないという外部環境の認識である。

ドイツの中堅・中小企業（ミッテルスタンド）の輸出意識は高く、それが同国の経済成長を支えている。もちろん、彼らはEUという地続きの統合された市場の中心に位置し、かつ通貨もユーロという統一貨幣にあることから、EU加盟国へ輸出しやすいという有利な状況にあることは事実である。

ただ、ドイツのターゲットはEU域内だけでなく、中国を含むアジアにも据えられており、インダストリー4・0というIoT(1)を通じた産業革新を前面に、国を挙げての売込みがなされている。

日本の輸出態度はどうであろうか。

商工中金が多くの国内中小企業を対象に実施している海外展開意識調査では、いまだに多くの中小企業が、「海外展開の予定がない」あるいは「未定である」と回答している。海外展開をしない理由として、「現状程度の国内需要で事業継続が可能」「国内需要の掘り起こしで収益確保や拡大が可能」との認識を示しており、本調査結果を見る限り、まだ多くの中小企業経営者が国内志向にあるといえる。

島国である日本は、大陸的地続き感がない分、海外市場を遠く感じやすいのかもしれない。ただ、日本はこの数年でＴＰＰ（環太平洋パートナーシップ協定）、ＥＵとのＥＰＡ[2]、米国とのＴＡ[3]（日米貿易協定）、英国とのＥＰＡ、そして中国、韓国、ＡＳＥＡＮ、豪州、ニュージーランドとのＲＣＥＰ[4]（地域的な包括経済連携協定）を締結し、貿易協定ゾーン上では世界市場のほとんどと「地続き」となり、貿易と投資のフリーアクセスを築いている。

こうした外部環境を追い風として、貿易と海外取引を検討していくことも「成長」の1つの切り口であろう。

海外市場を少しでも身近に感じるために、海外展開する大手日本企業の現地法人はもとより、海外のユーザーの現場で何が起こっているのか、何に困っているのか、といった海外の〝現場〟のニーズをつかむ努力が大切になってくる。

また、欧米を中心に生まれる新たな技術やファッションのトレンド、ビジネスモデルといったシーズを積極的につかんでおく必要もあろう。

海外市場調査や進出支援については、ジェトロ[5]や中小企業基盤整備機構といった公的機関あるいは各都道府県の産業振興公社からさまざまな支援を受けることが可能である。

ただ、海外への展開をサステナブル（持続可能な形）に行い、そのノウハウや教訓を社内に蓄積するためには専従の要員が必要であり、そこに外国人材がブリッジ役として果たす役割はますます大きくなると思われる。

こうした攻めのニーズだけでなく、グローバル化に伴い、突然日本国内にあらわれるかもしれない海外のライバル企業との競争も意識する必要があると思う。

現状、日本の大手企業は国内のサプライチェーンを重視する傾向が見られるが、前述の日本の自由貿易圏の広がりは、取りも直さず海外のサプライヤーにとっての対日進出の参入障壁が低くなっていることも意味する。

今後、外資系企業が、日本語の上手な外国人材の採用を増やし、国内企業に売り込みを図ることは想像に難くない。

日本の中小企業が、改めて自らの現場力の強みを認識しつつ、その強みを海外市場にもおよぼそうとしてこそ、海外の競合他社との戦い方を知ることができ、将来あるかもしれない外資系企業による国内市場進出に対する防戦も有利に展開できるのではないであろうか。「攻撃は最大の防御」であり、それを支えるのが外国人材となるのである。

2　多様性と従業員の自覚

▼外国人材のハートを揺さぶる勉強会を通じた社員の「発達」

多くの日本の職場では勉強会や小集団活動、改善活動といった集団活動が行われている。朝礼や夕礼、工場でのラジオ体操などとともに、これらの集団活動は日本の職場の団体活動・チーム活動の特徴といえる。

勉強会のテーマも経営幹部からのトップダウンのものもあれば、若手リーダー主導のものもある。こういった集団活動と会社の発達・発展・成長との関係については、わたしは統計データ的なものは持ち合わせていない。ただ、1つの参考として前述の『致知』という人間学を学ぶ月刊誌が中堅・中小企業の経営者と社員向けに提案する「社内木鶏会」という勉強会の成果をご紹介したい。

この勉強会は『致知』を教材として、全国約1200社で毎月実施されている。この勉強会が社員の意識・士気・能力そしてチームワークの向上といった人間力と組織力の「発達」に寄与するとともに、その結果として会社の規模、収益性の「成長」も多くの企業で認められている様子が毎月の誌面で紹介されている。

前出の埼玉県川口市にある印刷ならびに製袋業のN社は、毎月1度、早朝に「クレド」[6]と呼ぶ独自の勉強会を行っている。会社にとって大切な価値観をさまざまな事例などとともに学習し、社員の認識や意識を高めていく目的で行われている。

N社の社員の約3割は外国人で、国籍もいろいろである。彼らもこのクレド勉強会に参加している。その中で2019年に来日し、N社に入社したベトナム人技能実習生の1人であるD君のことを取り上げてみたい。彼は、入社当初は日本語もおぼつかない状態であった。

そこから約2年を経た2021年の2月に行われたクレド勉強会でのD君の発表内容を、本人の原稿のまま以下に紹介したい。


真の豊かさの実現は本当にしあわせになるということです。

豊かとは何かがたくさんあるじょうたいです。

それはお金が多ければ多いほどがいいかもしれないし、うれしいし、楽しいことがたくさんあることかもしれない。また成功するなど色々なものがあって満足していることです。

仕事を通して社会貢献する事もそのひとつとは何か？

豊かになるためにはお金をかせぐ、成功する、誰かを愛するなど色々なことを考えられるけれど、その中でも仕事を一生懸命やることで社会におんがえしすることが大切なのではないか、それが本当に豊かになるということなのではないか…ということです。

真の豊かさとは何かを考えました
自分がおとなになるまで
いちにんまえになるまで、両親、先生、先輩、そしてたくさんの人のちからを借りて成長することが出来ると思います。

日本に来てからもたくさんの人に支えてもらっています。感謝の気持ちを忘れずに仕事を一生懸命やって日本の会社におんがえしすることが私にとって大切なことだと思いました。

わたしは、外国人材にとって集団行動は苦痛ではないか、特に早朝や昼休みを削っての勉強会などは嫌々参加しているのでは、といった先入観を持っていたので、この発表の原稿を見せていただいたときには新鮮な驚きを受けた。

同様に、この発表を聞いたN社の社長以下幹部の驚きと感動の大きさはかなりのものであったようである。

日本人社員はもとより､他の外国人社員にとっても「豊かさ」や「社会貢献」「成功」「成長」「感謝」そして「恩返し」という言葉を上滑りでなく、真剣に考える場となったのではないか。

外国人材を交えた勉強会に、組織の新たな次元の「発達」の可能性を感じた次第である。

▼外国人材を活用した海外とのネットワーキングによる社員の「発達」

アメリカのアリゾナ州スコッツデール市に本拠地を置くグローバルチャンバー（https://www.global-chamber.org/）は、世界の中小企業の経営者の交流ネットワークとして約10年前に創設された組織である。

全米の主要都市はもとより、欧州、アジア、南米、アフリカの主要都市にエグゼクティブ・ディレクターという立場の人間を置き、その者が地元でグローバルな交流に興味のある中小企業や大学、ＮＰＯ、

NGOといった組織を会員として迎え入れ、さまざまな交流イベントを開催している。

イベントの中には、各都市を訪れる海外からの産官学関係者を囲んでのディスカッションといったリアルな対面型のものもあるが、多くはオンラインで世界の都市間をつなぐものとなっている。

イベントのテーマも、各地域のマーケット動向を語り合うものから、売れ筋などのトレンドを衣食住など身近なテーマに分けて披露しあったり、輸出入や投資の動向、地元政府の支援について紹介しあったりしている。また各地域での女性の活躍や女性のアントレプレナーの紹介といったものもある。2〜3の都市だけをつないだ地域限定の交流イベントもある。

海外留学に興味のある学生も学生会員として参加したり、インターンやボランティアの立場でこのグローバルチャンバーの裏方としてイベントに参加したりしている。会員は、世界各地で行われているオンラインイベントに無料あるいは会員価格で参加できる。

アメリカを中心として、世界の中小企業経営者の中にはこの手のネットワークに参加することで手軽に海外市場に目を向け、人脈を広げようとしている人がそれなりにいる。

わたしはこのグローバルチャンバーで、2015年から数年間、東京のエグゼクティブ・ディレクターを務めていた。

この組織のイベントが全て英語で運営されていることと、会費が安くはないこともあって、残念ながらあまり多くの日本の中小企業経営者の方々に会員になっていただくこともできず、現在のわたしは、エグゼクティブ・ディレクターの立場からは離れている。

ただ、折々にグローバルチャンバーから来る、日本に関する質問や人脈紹介の要求には応えている。

単にコロナ感染リスクを避けるためだけでなく、そのアクセスの簡便さと、海外出張と比較しての低コストの魅力から、今後も中小企業を対象としたこの手のグローバルなネットワーキングイベントは世界でますます増えていくと思われる。

海外とのネットワーキングイベントもオンラインのバーチャルなものだけでなく、ジェトロが企画する海外からの買い付けミッション・売り込みミッションといった訪日ミッションとのネットワーキングイベントや、欧米主要国の在日大使館主催のパーティあるいは日本の自治体が海外の姉妹都市の産官学関係者を招いてのイベントなどもある。

こうしたネットワーキングイベントに参加したり、ネットワーク組織の一員となったりして海外の状況を知り、海外のパートナーを探すといったことも、日本の経営者はもとより幹部社員の１つの新たな「発達」につながるであろうし、そのために外国人材の存在は貴重なものとなろう。

日本人経営者や幹部社員が英語に堪能でない場合には外国人材を通訳として参加させてみたい。最初は慣れない通訳に戸惑うかもしれないが、経営者とともに参加することで徐々にその考え方や知識を吸収し、会社紹介のスキルも向上していくと思われる。

またこうしたネットワーキングイベントを通じ、日本ではまだ流行っていない欧米のトレンドや商材に気づいて新事業の企画を考えてもらう機会となるかもしれない。

日本にいる外国人材の多くはリンクトインやフェイスブック、ツイッターなどを通じて英語で世界のニュースをチェックしているが、本項で触れたような実在の世界の人々と交流する機会は少ないと思われるので、本人のリアルな人脈形成にもつながるのではと考える。

▼異文化コミュニケーション――日本文化と外国文化の違いを通じた社員の「発達」

職場に外国人材が入れば日本人社員には緊張感と刺激をもたらし、良く言えば「ぬるま湯」や「マンネリ」から抜け出すきっかけを与えてくれるかもしれない。一方で、日本人社員と外国人社員の間の意思疎通、いわゆる異文化コミュニケーションに問題が生じると互いにストレスを感じるであろう。

本書では外国人材の多くがサブカルチャーを含めた日本の文化に惹かれたことがきっかけで日本語を学んだり、日本での留学・就業を目指したりした様子を紹介してきた。

東洋と西洋の違いのように、彼ら彼女らの国々の文化と日本の文化が際立って異なるからこそ魅力を感じるという解釈もある。一方、日本の文化がそういった国々の文化も積極的に受け入れた懐の深い親和性を持っているために惹かれるという解釈もあるかと思う。

明治時代に日本美術を世界に知らしめることに尽力し、実績を残した岡倉天心はその著書『東洋の理想』で、日本文化の外国文化に対する親和性や包含性について以下のように語っている。

「かくのごとくして、日本はアジア文明の博物館となっている。いや、博物館以上のものである。なんとなれば、この民族の不思議な天性は、この民族をして、古いものを失うことなしに新しいものを歓迎する、生ける不二元論（アドヴァイティズム）の精神をもって、過去の諸理想のすべての面に意を止めさせているからである。神道家はいまなおその仏教以前の先祖崇拝の儀式を固守している。そして仏家自身もまた、自然の順序のままに順次この国土を豊かならしめるものとなった。（中略）藤原貴族の政権下にあって唐の理想を反映する和歌と舞楽とは、宋の開明の所産であったところの幽玄な禅と能楽と同じく、今日に至るまで霊感と歓喜の源泉である。日本を、一方においては近代的強国の地位に押し上げると同時に、アジアの魂に常に忠実にとどまらしめているものは、他ならぬこの粘着性である。日本の芸術の歴史は、かくして、アジアの諸理想の歴史となる。相ついで寄せてきた東方の思想の波のおのおのが、国民的意識にぶつかって砂に波跡を残していった浜辺となるのである」

海外の主要な文化・価値観を積極的に取り込む親和性や包含性を保ちつつも、日本としての根源的価値が揺るぐことはなかったということである。

ということであれば、外国人材が職場に持ち込む異文化も、日本人社員として時間をかけて取り込み、包含して新たな職場環境をつくり出すという意識を持つことで「発達」していけるのではないであろうか。

外国人材の方も、職場での異文化体験も、もともと好きであった日本文化の１つの現われであると意識してストレスを感じずに順応していく自らの「発達」につなげていってもらいたい。

そしてさらに大切なのが、そうした懐の深い職場環境を実現するための管理職や経営者の異文化に対する目線であろう。そのポイントはコミュニケーションの取り方であり、会議の進め方である。

すでに触れてきたように、経営者や管理職がアクティブ・リスニングやアサーティブ・コミュニケーション、ファシリテーションといったスキルを面倒でも少しずつ意識的に身に付けていくことが、結果として会社組織の「発達」への近道となるであろう（あえてもう１つ加えれば一般社団法人日本アンガーマネジメント協会が広く国内で研修を行っているアンガーマネジメントのスキルもお勧めしたい。これは怒る必要のあることは上手に怒れ、怒る必要のないことは怒らないようになることで怒りに伴う後悔をしないようにするスキルである。企業の管理職の方々がダイバーシティ価値観を職場に浸透させていくためのカギとなる「異なるものへの許容度」を高めることに役立つスキルである。詳しくは同協会のホームページ https://www.angermanagement.co.jp を参照願う）。

3 人材融合による新たな展開
——経営の多様化とアプローチ——

▼中堅・中小企業の新たな発展の視座　不易流行の経営

日本では１９９０年代のバブル崩壊後も、21世紀に入って早々のＩＴバブル崩壊、２００８年のリーマンショック、２０１１年の東日本大震災そして現在のコロナ禍と、中堅・中小企業の経営を大きく揺るがす事態が発生してきた。

特に２０２０年以降のコロナ禍は人の流れを抑え、外での活動を控えるという点で、輸送、観光、小売り・卸売り、飲食、娯楽・エンタメ業界に大打撃をもたらし、当然ながらその周辺の業種にも悪影響をおよぼしている。

現状、産業は高度化し、分業体制も複雑化してきているが、生業としての「産業」の変遷からすれば、狩猟採取→農業→大農業→家内制手工業→工業→金融・サービス業→デジタル産業というように、ゼロ次産業から一次、二次、三次産業へと発展していった大きな流れの延長線上にある。

この産業高度化の変遷の中で、日本自身の「発展」の１つの特徴、あるいは付加価値モデルとでもいえるものが「不易流行」ではないかと感じている。

会社創業以来大切にしてきた価値観と、「社格」を磨く発展の方向性を変わらずに保ちつつも、外部環境の変化に応じ、新たな技術や考え方を積極的に取り込み、「日本的付加価値を加える（日本化）」ことでその発展の強度を増していくパターンである。

大昔に稲作が大陸から日本に伝来したわけだが、さまざまな品種改良の努力を経て、今や日本のコメを世界の人々が好んで輸入し、また、ＩＲＲＩ（国際稲研究所 International Rice Research Institute）を通じて日本の品種が世界のコメの生産性向上に寄与しているという話も聞く。

6世紀頃に伝来したという仏教も、その後、真言密教、浄土宗、浄土真宗、日蓮宗、そして禅宗と呼ばれる臨済宗や曹洞宗など、さまざまな宗派が生じて今日に至っているが、特に日本の座禅は欧米でＺＥＮと呼ばれ、「マインドフルネス」といった瞑想を通じた精神の安定を志向する欧米エリート層に好まれたりしている。

もともとは中国や朝鮮半島から伝えられた漆器や陶器、あるいは絹の製法が、江戸時代から明治時代にかけては日本特産として輸出され、特に絹や麻の繊維製品は世界市場を席巻するまでに発展した。鉄鋼、化学品・肥料、電気製品、自動車、重機、半導体など海外から仕入れた現物や製法を独自に研究し、日本化して世界に送り戻していくという日本型付加価値化の例は、現在の産業内にも数多く見られる。

食文化も同様である。外国人客が好む「てんぷら」や「すき焼き」「とんかつ」といったものも、もともとは海外からのものであり、海外がオリジンの抹茶、和牛、鶏卵といった現在の輸出売れ筋農産物や、ウィスキー、洋菓子、パンなども日本の生産者の丹精込めた製造過程と手間をかけて管理された品質が世界の顧客のハート（胃袋？）を確実にとらえている。

新しいものへの好奇心、探求心、そしてそれを積極的に自らに取り入れて行こうとする「流行」の姿勢と、単に真似るのではなく、それを改善し続け、手を抜かず、満足ゆくものに仕上げようとまじめに努力し続ける勤勉な「不易」の姿勢をあわせた日本の「不易流行」の姿勢がこれまでの日本の発達・発展・成長の原動力であったように思われる。

この「不易流行」という日本モデルを「組織経営」にも適用できないであろうか？

「外国人材」という明らかに「日本人」と異なる人的資本の活用への興味を持ち、自社に受け入れ、融合させ、従来の日本人のみの単一組織に比べ、より大きなアウトプット（組織力）を実現し、その経営力を海外に伝え戻すという組織の「不易流行」である。

日本人だけの組織と比べて経営上の課題や面倒、手間を感じるかもしれないが、日本が得意としてきた「そこまでやるか」のこだわりの精神を組織経営にも活かせないか、という問題提起である。

そうした経営上の課題や面倒、手間を乗り越えるプロセスそのものが経営の新たな「発展」であり、その結果、もともと日本の中小企業が持つ現場力などのさまざまな強みを世界に戻していく（示していく）イメージである。

「不易流行」と中小企業の経営の「発展」について、以下でもう少し詳しく見ていきたい。

▼同族企業（ファミリービジネス）と不易流行

中小企業の中には創業以来、何代にもわたり創業者一族だけで経営されている老舗企業も少なくない。

もちろん業容拡大とともに創業家以外の人間を経営幹部に登用している企業も多くあるが、ガバナンスについては創業者一族が代々受け継いでいるケースが多いと思う。

ＦＦＩ（Family Firm Institute）[7]では、ファミリービジネスの富を次のように定義している。

「ファミリーの富とは、『人的資本』、『社会関係資本』、『財的資本』の全体である」

非同族企業では、バランスシートにあらわれる金額で評価される資本である「財的資本」に加えて、社員の知識、経験、意欲や勤勉さといった「人的資本」、経営者と従業員、会社と取引先・顧客、地域社会などとの信頼関係やネットワークといった「社会関係資本」が企業の競争優位性を高め、高い業績に結び付くことになる。

一方、同族企業においては、会社だけでなく、創業家、オーナー家のメンバーの「人的資本」「社会関係資本」「財的資本」が競争優位性に大きく影響すると言われる。

相撲部屋の親方、女将さん、兄弟子といった関係のように、実際に働くオーナー家のメンバー（関取）だけでなく、次世代を育てる社長夫人や後継者の兄弟姉妹、分家の叔父、叔母も含めて、創業の精神、ビジネスに対する理解と意欲、勤勉さ、家庭内や親族の内外の信頼関係、コミュニケーションなど、オーナー家が持つ人的資本、社会関係資本が、次世代、次々世代にいかに伝えられ、育まれるかが、会社の長期的な競争力に密接に関係しているためと言われている。

このように経営はファミリーが不変で継続するにしても、実業の内容は人的資本と社会関係資本を拡大させていくことが会社の発展につながるわけである。

そのために不断の勉強、自己啓発やネットワーキングといった活動をファミリーとして行っていくことになるのであろう。

そして経営の代替わりに際しては、後継者がそれまでの人的資本と社会関係資本を大切に引き継ぎながらも、外部環境の変化を捉えてさまざまな変革を打ち出してきたのだと思う。

本書で紹介してきた外国人材を採用している経営者の多くが、創業2代目あるいは3代目の社長であり、間違いなくこの同族経営の変革をリードし、実現してきていると感じる。

例えば、一気に業態変革を進めたり、あるいはデジタル化の推進や海外市場への挑戦を始めたり、そして本章の主題となる「外国人材を迎え入れることによるダイバーシティの価値実現を通じた変革」を進めている。

またファミリーとして海外を意識する目的で、ホストファミリーとして海外の学生のホームステイ先となったり、中高生の子息を海外にホームステイや短期留学させたりしている2代目、3代目の社長もいる。

比較的長く続いている同族企業では、大切に引き継ぐ人的資本・社会関係資本と、代替わりを通じた変革の「不易流行」のバランスが良くとれているのであろうと感じる。

▼長寿企業王国日本　長寿の背景にある不易流行

社会教育家の田中真澄によれば、日本には生業が200年を超える企業が約3000社あり、これは世界第2位ドイツの800社や3位オランダの300社をはるかに超える数だという。

なぜ日本にはこれほど多くの長寿企業があるのであろうか。

吉田實男著『商家の家訓』（清文社、2010年）の中にいろいろとヒントが描かれている。同著の「老舗とは」の一節を以下に引用する。

「大阪市天王寺区にある、まだ元号もない敏達天皇6年（578年）に創業し、四天王寺を建築した1430年も続く「金剛組」を筆頭に、100年、200年、500年と、脈々と存続している「老舗」といわれる企業がある。（中略）日本にはこのような老舗が製造業だけでも全国で約45，000社、その他の業種を含めると10万社以上もあるといわれている。（中略）

要するに、老舗企業とは顧客の嗜好の変化、時代の変化に対応しない限り、存在理由がないとの認識を持ち、失敗を貴重な教材として分析し、種々のリスクを図りながら将来に生かして、企業の存続を図ってきた企業といえる。（中略）

老舗企業は必要とする人材を自前で育成するとともに、その企業の理念（価値観・行動規範）を承継させるべく「家訓」を定めて家業を存続させてきた。それが、現在の社是や社訓となっている。老舗企業は昔から明確な目的を持って企業経営をしていたのである」

長寿企業の永続のポイントには、引用のとおり「顧客の嗜好の変化と時代の変化への対応」が挙げられる。

一方で創業者が大切にした「理念」、譲れない「価値観」もある。すなわち「不易流行」に象徴される、経営者が変えるべきものと変えるべきでないもののバランスをうまく保ってきたということであろうと思う。

多くの長寿企業にとって譲れない価値観の例として、上述の『商家の家訓』の中では近江商人の「三方よし（売り手よし、買い手よし、世間よし）」が家訓のような形で共有され、今日に至っていることが紹介されている。

他に、節約・倹約・無駄の排除や、使用人（従業員）教育など宗家が率先して範を示すべきことを多くの長寿企業が家訓の中でうたっているという。

前述の人間学の雑誌『致知』２００３年１月号に、裏千家の千玄室大宗匠（第15代家元千宗室）と虎屋社長の黒川光博の対談が掲載されていた。裏千家も虎屋も、ともに室町時代、京の地で発祥し、５００年近い歴史を経ている。

茶道と和菓子がこれだけの長い間、変わらぬ伝統の価値を保ちつつ、一方で時代の変化とともに提供するものの内容や提供の仕方を積極的に変革し、進化を遂げ、今日に至っている様子を語り合っている。

中でも興味深いのは両者の海外展開の様子である。

虎屋は今から40年以上も前の１９８０年に、世界のデザートの本場パリに店を出し、フランス人に和菓子を紹介するとともに、パリの洋菓子の変化の様子を知り、それを虎屋の和菓子づくりに取り込むための感度の良いアンテナにもしてきている。

一方の千玄室大宗匠は、太平洋戦争末期には特攻隊に志願したものの、出撃前に終戦を迎え、１９６４年に家元襲名後、積極的に茶の湯の海外展開を進めてきた。

わたしが前職で米国ワシントンＤＣに駐在していた２０１０年台初頭、市内に裏千家の茶室が完成し、わたしもお披露目のレセプションに参加させていただく機会を得た。

大宗匠は茶道の国際化を推進すべく、「一碗からピースフルネスを」の理念に基づき、日本文化の情報発信とともに世界平和への貢献を続けている。また虎屋と同様、謙虚に海外各地の文化のトレンドも摂取し、茶の湯の「変革」にも取り組んできている。

お二方ともに「日本国内の伝統・文化」として培われてきた裏千家と虎屋のブランドの地位に甘んじず、積極的に海外との交流を通じた進化を遂げているのである。

２０２１年のＮＨＫ大河ドラマ『青天を衝け』で渋沢栄一に注目が集まった。「日本資本主義の父」と呼ばれる渋沢栄一によって19世紀後半から20世紀前半にかけて創業された多くの企業が今日、日本発のグローバル企業として隆々と活躍を遂げている。

渋沢栄一は、その代表作『論語と算盤』を通じ、日本の譲れない不変の倫理的価値観（論語）と、一方で日本に必要な経済成長をもたらす富をつくり出す利益追求行為（算盤（ビジネス））は、経営者の考え方次第で十分に両立するという「道徳経済合一説」の理念を主張した。そして、多くの企業創業やその後の慈善事業を通じた社会還元で、その理念を実践してみせた。

『論語と算盤』に出てくる以下の一節は、彼の考え方を象徴していると思う。

「富をなす根源は何かといえば、仁義道徳。正しい道理の富でなければ、その富は完全に永続することができぬ。（中略）事柄に対し、如何にせば道理に叶うかをまず考え、しかして道理にかなったやり方をすれば国家社会の利益となるかを考え、さらにかくすれば自己のためにもなるかと考える。そう考えてみたとき、もしそれが自己のためにならぬが、道理にもかない、国家社会をも利益するということなら、余は断然自己を捨て、道理のあるところに従うつもりである」

渋沢栄一は、1867年に将軍徳川慶喜の弟・武昭が、将軍名代でパリ万国博覧会を視察した際に随行している。

そこでフランスの株式会社制度を学び、その後も何度か欧米を訪問し、欧米におけるビジネスの仕組み、すなわち産業資本主義を学び、これを積極的に導入することで、日本の実業発展に多大な貢献をした。

欧米の資本主義モデルをそのまま導入するのではなく、富（利益）の上げ方によっては資本主義は社会の弊害にもなることを看破したうえで、日本固有の道徳的価値を譲らずに、必要な富をあげ、国家と社会に還元する、いわば日本版資本主義の仕組みを実践して見せたわけである。

ここにも日本の長寿企業に通じる、変えるべきもの（産業革新）と、変えてはいけないもの（日本的価値観）のバランスがあらわれている。

家訓を守りつつ顧客の嗜好の変化と時代の変化に対応していく柔軟さ、長年の伝統・文化を守りつつ積極的に海外との交流を通じた進化を模索する進取の気性、道徳的価値を守りつつ欧米のモデルを日本化していく包摂力といったものを日本の継続性、今風に言うとレジリエンスの源と見ることができる。

ただ、いずれの場合も変化を取り込んで自分の考え、スタイル、製品・商品・サービスに反映していくには長い年月がかかっている。

グローバル環境下での経営革新が求められる今、組織内に環境変化を起こすべく外国人材を採用し、活用することが本項で見た「不易流行」の日本の経営モデルにも合致するとわたしは考えるが、そうしたからといって、経営や組織がすぐには変化できないかもしれない。短期的にはむしろ管理上の問題や気苦労、戸惑いといったマイナスの方が大きいかもしれない。経営と組織の「発展」という名の「進化」が起こるには、環境変化に順応するための長い時間とプロセスが必要となるからである。特に差し迫った問題意識がないと、今わざわざ変化を起こさなくても良いとの思いも浮かんでくる。

鎖国時代の江戸の太平の世のように、日本人（社員）だけで日本（企業）文化が爛熟していく可能性はもちろんある。ただ、その間も世界の中小企業は外国人採用を含めグローバルな変化への対応を続け、ダイバーシティのスキルを身に付けていくことは間違いない。

▼外国人材常在の職場環境、社風を会社の「発展」につなげる経営力

大企業の社長が5年ないし10年のスパンで社長職のバトンを後継者に譲っていくのに対し、中堅・中小企業の経営者の多くがオーナー社長として長く経営し続ける中で、自らの考え方、視点、認識が年々固定化・保守化しているのではないかと懸念を抱くことは十分考えられる。その意味でも社内外での学びの場は大切となるであろう。

また「経営者は孤独」であればこそ、経営塾などに参加し、同じ孤独感を持つ塾生たる他の経営者とともに学んだり、経営者同士の勉強会を通じて懇親を深めたりしているようである。

これらの経営者の方々の経営力や会社の発展の目標をイメージするときに、売上や収益、社員数といった定量的な目標や、「道」を究める定性的なものとともに、ダイバーシティという組織マネジメントの次

元も出てきていると思う。

「ダイバーシティ」というと、当初は「人出不足に伴う女性の活用」という単なる人揃え的次元の認識も少なくなかった。しかし昨今は女性特有の感性や丁寧さ、きめ細やかさ、女性客のニーズの理解力といった長所を活かし、一段も二段も高い次元の組織力を発揮している組織が日本でも見られるようになっている。

女性の活用と同様、経営者として「外国人材が常に社内にいる」という職場環境づくりを進めることで、経営の器が広がり、経営の次元も一段高いレベルに高まるのではないかと考える。

単なる人手不足解消の次元を超え、外国人材との協働の相乗効果を求めて、異文化コミュニケーションや価値観の違いの議論などを通じ、日本人だけでは見えていなかったさまざまな「常識」や「通念」の壁、発想の限界といったものに少しずつ気づき、組織の発展の可能性を徐々に探っていくべきではないかと思う。

これまで本書で何度か触れたように、外国人材は初めての日本の職場で「なぜそうするのか?」「なぜこうしないのか?」と疑問を持つこともあるであろう。その疑問の中に、意外と日本人だけでは気づかない、良い改善のための問題意識が潜んでいるかもしれない。

また、上司が部下に仕事を任せる際に、日本人同士の場合、「なぜ」よりも「何を」「どのように」行ってほしい、といったやりとりが中心になりがちだが、日本での経験の乏しい外国人材に対しては、任せる仕事の狙い、目的、意義といった「なぜ」を重視することで、その目的に沿った彼らの創意工夫が促される。

実はわたしが毎週添削する研修の答案でも、この「なぜ」の説明不足が多くの日本人の若手・中堅社員の職場での不満の上位にあることがわかる。

そこで「なぜ」を大切にするという「目的本位」の〝風〟を外国人材が呼び込んでくれることを期待したい。

そのためにも、外国人材との相互理解のために経営者自らがコミュニケーションに手間をかけ、タテ・ヨコのコミュニケーションの場を設け、面白い議題を設定し、ファシリテーション（発言しやすくする進行の工夫）にまで気を配る環境づくりが大切である。

そうすることでいずれ「革新」を招く創発的な議論が社内に起こり、それがいずれは新たな経営課題を浮き彫りにし、その課題を広く社員とともに考え、乗り越える知恵やノウハウ、教訓を社内に積み上げるといった好循環が起こることを期待する。

その経営課題が新製品やサービスの開発力・品揃えであったり、海外市場への情報発信・販路開拓であったり、生産力やＱＣＤの改善であったり、あるいは顧客管理であったりするかもしれない。

その際、日本人だけで検討する場合に陥りやすい思考パターン、常識、通念、習慣を一旦わきに置き、外国人材を交えてブレーンストーミング的に多様な発想を取り込んでいくオープンな職場環境づくりを期待したいと思う。

繰り返しになるが、そうしたプラスの組織変化は一朝一夕には生まれないであろう。「進化」は世代を超えて徐々に生じるものなのかもしれない。

昨今は新卒入社から定年まで勤めあげるというよりも、より良い職場を求めて転職を検討する日本人の若者が多いという。

外国人材もそれぞれの成長計画（キャリアプラン）において、いずれ転職することや母国に帰国することを考えているものも多いと思う。

定年まで勤め上げようが途中で転職しようが、ある期間、会社と自らの成長のベクトルを集中して揃えられれば双方にとって有益である。ただ漫然と会社でルーチンをこなすだけで、自分も会社も成長が認められない場合にはお互いが不幸と言えるかもしれない。ひとつ参考になるのがアメリカのシリコンバレーで成功している企業の人事である。

その一例が、ビジネスパーソン向けSNSで世界最大のユーザー数を誇るリンクトインである。同社の創業者リード・ホフマンが著書『アライアンス（ALLIANCE）』の中で、会社と社員がそれぞれ雇用と就労をコミットし合う期間に基づき3つの採用パターンを説明している。

1つ目は「ローテーション型」と呼ばれ、会社と社員の双方に長期的な相性を見極める機会を与える。相性が良いようなら次のステップに進み、よりパーソナライズされた業務に就いていく。相性が悪くても社員が会社に留まり続ける場合には既定の体系にのっとってローテーションなどに基づき異動や昇進が行われる。これは恐らく多くの日本企業の採用パターンと言えよう。

2つ目は「変革型」と呼ばれ、コミットメント期間は社員ごとに2年から5年などパーソナライズされている。

期間を一定に定めることにはあまり重きを置かず、特定のミッションやプロジェクトを完遂することに重点が置かれる。

変革型のコミットメント期間が最終段階に入った社員を、引き続き会社に留めておきたいという場合、早めに次のコミットメント期間について話し合いを始める必要がある。ローテーション型と比べると、変革型の方が会社と社員それぞれの将来の成長度合いを具体的に見据えた関係という色合いが濃い。

3つ目は「基板型」人材の採用となる。

この人材は今の会社が自分の最後の職場だと考え、会社もその社員に現役引退までいてほしいと願う関係性である。

その人にとって会社がキャリアの基盤、時には人生の基盤にすらなり、会社にとってもその社員が会社経営の基盤の1つになるもの。

日本人社員の採用では一般的にローテーション型で採用しつつ、長期的には基板型人材に育ってほしいとの期待が強いと思う。

外国人材の場合も、会社側では日本人社員と同様の期待感で採用するであろうが、並行して「変革型」の可能性も考慮し、期間を区切って本人と会社の双方が確実に成長していけるような育成・活用を考えることも大切かもしれない。

また『アライアンス』では、仮に「変革型」のコミットメント期間後に社員が他社に転職したとしても、互いの成長に繋げるネットワークとして、転職後も元の会社との個人的関係を継続している様子を紹介している。最初の入社の縁をアライアンス（同盟関係）にしておくことを著者のホフマンは強く勧めている。

外国人材を継続的に雇用していくことで、仮に中途で退社する外国人材がいたとしても、彼らとの関係を絶やさず社外ネットワークを築きつつ、常に一定数の外国人材が社内に保たれていて、日本人だけでは得られない刺激を加えてくれる環境を設け続けることで、いずれ会社を柔軟な組織に発展させるという経営の視点も意識していただきたい。

▼外国人材とともに組織の〝合金化〟を図る

日本には文化やスポーツに限らず、ビジネスにおいても現状に満足せず、常に「改善・改良」「高み」を目指すといった「道」を究める求道精神があると感じる。

その日本的精神を自らの成長にとってプラスと感じる外国人材は、大相撲の白鵬のように、日本での求道を通じて自らの原石を磨き、「玉」となる可能性を秘めていると思う。

あるいは、そこまでは求めずとも、自分にとって居心地の良い日本の魅力に惹かれて来日して、その魅力を母国や海外に情報発信することで日本企業や日本社会のシンパを世界に広げ、ジャパンブランドの価値増大に貢献してくれる外国人材も多くいると思う。

わたしは日本の中小企業と、日本に興味のある外国人材との間には互恵のウィン―ウィンの関係が築けると信じている。

文芸評論家の小林秀雄は、著書『読書について』で、「間に合わせの知識の助けを借りずに、他人を直に知ることこそ、実は、本当に自分を知ることにほかならぬからである。人間は自分を知るのに、他人という鏡を持っているだけだ」と語っている。

「自分」を「日本人」に、「他人」を「外国人」に置き換えても含蓄のある言葉ではと思う。外国人材と協働し、深くコミュニケーションを取ることで、日本人経営者と社員は、日本の価値や会社の魅力、競争力、価値観への気づきと肯定感を高め、自信をもって海外と向き合うことにつながると信じる。

また良い意味で「異文化感覚」を持つことにより、日本の常識を見つめなおし、経営に必要な視野を広げることになると思う。

一方、外国人材にとっては、日本で仕事をし、日本語と日本文化を日々経験していくことで、他国で仕事をしても気づかなかったような人生観、価値観、達成感、人間関係、チームワークの喜びなどを得ることができるかもしれない。

それはとりもなおさず彼ら彼女らが求める「成長」（キャリアディベロップメント）にとって貴重な財産となるであろう。

そしてこのウィンーウィンの関係は、「人材」という経営資源がつくる組織を日本人だけの単一金属構造から「合金」という新たな強度をもつものに発展させ、それがグローバル化の時代にあって日本の中堅・中小企業にさらなる「成長」「発達」「発展」をもたらすものと信じるものである。

注

（1）Internet of Things：機器やセンサー同士をインターネットで繋ぎ利便性や整備性などを向上させる発想。

（2）Economic Partnership Agreement（経済連携協定）。

（3）Trade Agreement（貿易協定）。
（4）Regional Comprehensive Economic Partnership。
（5）ジェトロの新輸出大国コンソーシアム事業は輸出や海外進出を狙う中小企業に無償で専門家を派遣する事業である。
（6）会社の信条や行動指針のこと。
（7）一般社団法人日本ファミリービジネスアドバイザー協会（http://fbaa.jp/archives/1631）。

コラム

外国人材が支える経済発展
――アメリカとイスラエル――

アメリカはよく「移民の国」と言われる。イギリス、フランス、オランダ、スペインなど、17世紀から18世紀にかけての欧州列強国の植民地開拓の目的で、それぞれの国々からアメリカへの入植者が増えていった。

1776年の建国・独立以降も、今日に至るまでアメリカは移民を含め、外国人に国を開いてきた。

アメリカのもう1つの特徴として開拓者精神（フロンティアスピリッツ）が挙げられる。アメリカ大陸という新天地で自らが開墾し、頑張ることで一旗揚げるということこの精神は今でいう起業家精神（アントレプレナーシップ）にも通じている。

放っておけば、人間の組織は加齢とともに保守化の傾向を取りやすいが、アメリカでは一般的に年齢の若い移民を継続的に受け入れ続けることで、ハングリー精神やフロンティアスピリッツをコンスタントに持ち込んでいる。これはビジネスの統計にも顕著に出ている。

例えば2016年に生粋のアメリカ人が創業した割合は0・26％であるのに対し、移民による創業は0・52％と倍の割合である。さらには平均従業員数750人以上で、企業価値10億ドル（約1150億円）以上の事業の創業者オーナーの51％は、海外生まれの移民者である（2015年1月1日現在）。

電気自動車のテスラを創業して世界に冠たる

大企業に育て上げ、さらには宇宙ビジネスを推進するスペースX社を立ち上げたイーロン・マスクは、南アフリカ生まれの移民である。グーグルの共同創業者のセルゲイ・ブリンはロシア生まれの移民である。コロナ感染から多くの命を守っているワクチンを開発したファイザーは、ドイツ生まれのチャールズ・ファイザーとチャールズ・エルハルトのいとこ同士がアメリカに移って創業している。AT&T、イーベイ、クラフト、コルゲート、ヤフーといった著名企業も同様で、「開拓者精神」「起業家精神」を発揮する例として枚挙にいとまがない。

移民者にとって「外国」であったアメリカに来て、その開拓者精神をフルに発揮することを支えてくれる「文化」が「アメリカンドリーム」である。努力すれば国籍や人種、性別に拘らず立身出世していけるという社会の意識、コンセンサスがある。

そして外国人の子供たちに無料で英語を教える、EAS（English As Second Language）という教育支援制度の充実もある。

また、会社などの組織に所属しても、人種、性別、信教などさまざまなバックグラウンドの人々のそれぞれの異なる点を積極的に生かし、モザイクを形成するダイバーシティのコンセンサスも息づいている。

開拓者精神、移民、ダイバーシティがアントレプレナーシップとイノベーションを生み続けてきたアメリカだが、2008年のリーマンショックに象徴される不動産バブル崩壊後、金融資本主義の行き過ぎを大いに反省し、アメリカ本来のアントレプレナーシップとイノベーションの〝初心〟を思い起こすために参考としたのが、中東のイスラエルである。

1948年の建国時にはわずか60万人台であった人口が、今日900万人を突破するほどコンスタントに人口増が続いている。世界中のユダヤ人を積極的に受け入れるとともに、女性の妊娠・出産と子育てを支援する政策のおかげで、先進国で唯一特殊出生率も3・0を上回っている。

アメリカにいる外国人・移民者の割合が全体の13％程度（日本は約2％）であるのに対し、イスラエルでは30％を超えている。

言葉の違いはもとより、食生活を含め、育ってきた文化の違いを乗り越え、外国人であった移民が「イスラエル国民」として融合していくプロセスが学校教育と徴兵制である。

学校や徴兵先では、ゼロから考えさせ、失敗させ、再挑戦させていくクリエイティブな教育・訓練や支援、若者に大きな責任を持たせる権限移譲の習慣、上下を意識させないフラットなコミュニケーションが息づいており、出身地を問わず、国のための連帯意識を強化させている。

また、小さいころから世界を意識させ、英語でのコミュニケーションを促す幼児教育などの個人の能力開発も進んでいる。

移民がもたらす起業家精神とイスラエル（ユダヤ人）がもともと持つ独創性や発明発見をもたらす思考力が、今のデジタル化と相まって同国をイノベーション大国に押し上げており、1人当たりのGDPではすでに日本を追い抜いているのである。

おわりに

「やっぱり日本人の方が良く働くね」
「日本人にしておいた方が良かったよ」
「外国人は使いにくいね」
「日本語が今一つで意思疎通が難しいよ」

わたしの会社で紹介した外国人材を採用した経営者や上司の方々が、心の中でそう思ったことは1度や2度ではなかったかもしれない。わたし自身、中国人、ロシア人、マレーシア人、マカオ出身者、インドネシア人とともに働いてきたが、「日本人だったら……」と思ってしまうことがあったのも事実である。

そんなときに頭の中を占めているのは、自分の都合であり、「社員（部下）はこうあるべき」のべき論であり、思うとおり手間をかけずに言わずもがなで動いてほしいという利己的な思いである。平たく言えば「楽をしたい」という気持ちである。

外国人材に不満を感じたときに「外国人だから」という理由にもならない言い訳で自分を納得させ、本人との直接の対話を怠っていないか。

もっと腹蔵なく話し合い、「外国人だから」と不満に思ったり、叱ったりして思考が停まるより、もし問題が「異文化」に伴う性格のものならば、「なぜ日本では、なぜ当社では××するか」を論理的に説明すべきである。もし問題が個人の能力の低さや悪弊に帰するものであれば、日本人と同様、厳しく指導することで親密ながらもプロ同士としての相互の信頼関係が構築されていくのでは、と思う。

顧客が外国人社員を褒める場合の言葉は、「外国人材は良いね」ではなく、「（アメリカ人の）××が入社してくれて本当に助かっている」「（ブラジル人の）○○は自主的にこんなことをしてくれている」「（ネパール人の）△△がいないと海外業務はなりたたない」「（中国人の）◇◇は営業主任として海外向けはもとより、国内営業でも日本人の若手をしっかり育成してくれている」といった固有名詞での評価をうかがうことが多い。

まだ外国人社員の絶対数が少なく、圧倒的なマイノリティで、「外国人材は……」と一般化できないからだと思う。

本書は、もとより「外国人材万能論」を唱えるものではない。日本で活躍している外国人材の事例を紹介はしたが、第3章で記したように外国人材を採用する場合はもとより、採用後の苦労や問題、リスクは当然あり、日本人社員以上の苦労や問題があり得ると思っている。

ただ、そういった苦労の中にこそ、中小企業の成長、発達、発展の新たな切り口が見えてくるのではないか、リスクの分だけリターンも大きいのではないか、という問題意識で執筆に臨んだ次第である。

採用の段階で自分の会社に合った外国人材を探すのは、履歴書と数度の面接だけでは正直難しいものがある。そしてまた外国人材自身が、日本人とその組織や文化を深くは理解していないことから、事前に相性を知ることは非常に難しいと言える。もちろんインターンシップという形で、事前に互いの相性をある程度確認できればベストだが、それができない場合にはやはり面接の質を高めていく必要があろう。

1つの大きな手掛かりとして、なぜ日本に興味を持ち、日本語を学び、日本に来てまでして就職しようとしたのかという本人の思い、夢、志といったもの、いわゆる「自分理解」を尋ねることが効果的だと思う。

もちろん日本が物理的に近く、手っ取り早くお金を稼いで母国の親元に送金したいという実利的な目的を持つ外国人材も多くいる。ただ、そういった場合であっても当然事前に日本のことを調べ、あまたある候補国の中で、日本が自分と相性が良いと判断した経緯を持っていると思う。

一方、わたしがこれまで会ってきた外国人材の多くに、子供時代に触れたサブカルチャーを含む日本文化への憧憬が日本での就職の原動力となっている様子が見て取れる。

いずれの場合でも、日本を選択したのは外国人材の彼ら彼女らであり、「何かを成したい」という原石を懐に抱えていることは事実だ。

わたしは、中堅・中小企業の社長や経営幹部がそうした外国人材の原石を磨いて輝かせる過程で、企業自身も成長・発達・発展するウィン―ウィンのケースを多く見てみたいと思っている。

外国人材の方も、単なる憧れや収入への期待から日本で就職したものの、職場での業務を通じ、あるいは中小企業だからこそ可能な社長や幹部からの直接の教育指導、勉強会を通じ、思ってもみなかった日本的ビジネスの良さ、強みといったものに気づき、それらを自らの成長に活かすといったケースもみられる。

中小企業が固有の社名でなく単に「ＳＭＥ」と見られ、外国人材が「ガイコクジン」と呼ばれる距離感のままではお互いにもったいない、ということである。

会社と社員が互いに時間をかけて宝探しを行い、互いの原石に気づき、互いに磨き上げるという考え方が外国人材の加入を契機に意識されることを期待したい。

人間の話す言葉が、国により、地域により異なるのは夫々の地に住んだ人々にとって生きていくための大切なものが異なっていたためだという。たとえば日本人にとってのコメの大切さから、稲、稲穂、籾、玄米、精米、白米などさまざまなことばがあるように、モンゴル人にとっての馬の重要性から、動物としての「馬」に加え、オスの馬、メスの馬などそれぞれのことばが生まれている。それぞれの土地の大切なものが感性をはぐくみ、文化となる。

今後多くの中小企業がグローバルにビジネスを展開し、成長し、発達し、発展していくに際して、世界のさまざまな国々と地域の異なる価値観、感性を大切にし、共生していくために、外国人材を積極的に受け入れて、異なることを自然かつ肯定的にとらえる社風をつくっていかれることを大いに期待したい。

末尾ながら晃洋書房編集部の丸井清泰氏および徳重伸氏並びに知人の西本幸恒氏に謝辞を申し述べる。

２０２２年７月

米山伸郎

参照文献

岩渕功一編［２０１０］『多文化社会の〈文化〉を問う――共生／コミュニティ／メディア』青弓社。

岡倉天心［１９８６］『東洋の理想』講談社学術文庫。

外交政策センター編［２０２０］『２０２０年生き残りの戦略――世界はこう動く！』創成社。

キーン、ドナルド［２０１９］『ドナルド・キーンの東京下町日記』東京新聞。

木全美千男・福田敦子・宇代謙治［２０１１］『Q&A失敗しない外国人社員の人事労務管理――国内雇用から海外現地雇用、高度人材雇用まで』中経出版。

熊野英生［２０１９］『なぜ日本の会社は生産性が低いのか？』文春新書。

グロービス［２０１４］『ファシリテーションの教科書』東洋経済新報社。

黒木雅子［１９９６］『異文化論への招待』朱鷺書房。

黒瀬直宏［２０１２］『複眼的中小企業論――中小企業は発展性と問題性の統一物』同友館。

国立国語研究所編［２０２１］『日本語の大疑問――眠れなくなるほど面白いことばの世界』幻冬舎新書。

小平達也［２０１３］『日本の会社40の弱点――外国人社員の証言』文春新書。

小林秀雄［２０１３］『読書について』中央公論新社。

佐藤智恵［２０１９］『ハーバードの日本人論』中公新書ラクレ。

産業能率大学総合研究所人事評価実践研究プロジェクト編［２００９］『マネージャーのための人事評価実践』産業能率大学出版部。

司馬遼太郎・山折哲雄［２００３］『日本とは何かということ』日本放送出版協会。

渋沢栄一［２００８］『論語と算盤』角川ソフィア文庫。

白石さや［２０１３］『グローバル化した日本のマンガとアニメ』学術出版会。

菅付雅信［２０２２］『不易と流行のあいだ』平凡社。

鈴木大拙（北川桃雄訳）［１９４０］『禅と日本文化』岩波新書。

ダイヤモンド経営者倶楽部編［２０２０］『ニッポンを支える力――Supporting Industry』ダイヤモンド社。

高野陽太郎［２０１９］『日本人論の危険なあやまち――文化ステレオタイプの誘惑と罠』ディスカバー携書。

武井繁・米田光宏［２０１５］『時代を勝ち抜く人材採用』ダイヤモンド・ビジネス企画。

田丸賢一［２０２１］『「入居率１００％」を実現する「外国人大歓迎」の賃貸経営――新時代の不動産投資』現代書林。

テュルパン、ドミニク／高津尚志［２０１２］『なぜ日本企業はグローバル化でつまずくのか』日本経済新聞出版社。

寺島実郎［２０２１］『人間と宗教あるいは日本人の心の基軸』岩波書店。

中原淳編［２００６］『企業内人材育成入門――人を育てる心理・教育学の基本理論を学ぶ』ダイヤモンド社。

納谷幸喜・白鵬翔［２０１１］「対談 吾、相撲の道を極めん――力士の大成は師友の切磋琢磨に待つ」『致知』２０１１年11月号。

二村英幸［２０１１］『人事アセスメント入門』日経文庫。

ホフマン、リード／カスノーカ、ベン／イェ、クリス（篠田真貴子監訳）［２０１５］『ALLIANCE――人と企業が信頼で結ばれる新しい雇用』ダイヤモンド社。

堀公俊・加留部貴行［２０１０］『教育研修ファシリテーター――組織・人材開発を促進する』日本経済新聞出版社。

マルクス、カール著／エンゲルス、フリードリヒ編（向坂逸郎訳）［１９６９］『資本論』岩波文庫。

明和政子［２０１９］『ヒトの発達の謎を解く――胎児期から人類の未来まで』ちくま新書。

メイヤー、エリン（田岡恵監訳、樋口武志訳）［２０１５］『異文化理解力――相手と自分の真意がわかるビジネスパーソン必須の教養』英治出版。

守屋貴司［２０２０］『人材危機時代の日本の「グローバル人材」の育成とタレントマネジメント――「見捨てられる日本・日本企業」からの脱却の処方箋』晃洋書房。

守屋貴司編［２０１１］『日本の外国人留学生・労働者と雇用問題――労働と人材のグローバリゼーションと企業経営』晃洋書房。

山根英樹［２０１１］『小さな会社でもできる海外取引ガイドブック』中央経済社。

吉田實男［２０１０］『商家の家訓――経営者の熱きこころざし』清文社。

ヨシハラ、スーザン／シルバ、ダグラス・A／チャン、ゴードン・Gほか（米山伸郎訳）［２０１３］『人口から読み解く国家の興亡――２０２０年の米欧中印露と日本』ビジネス社。

米山伸郎［２０１７］『知立国家イスラエル』文春新書。

和田浩子［２００８］『P&G式世界が欲しがる人材の育て方――日本人初のヴァイスプレジデントはこうして生まれた』ダイヤモンド社。

Senor, D. and Singer, S.[2011] *START-UP NATION*, TWELVE BOOKS.

《著者紹介》
米 山 伸 郎（よねやま　のぶお）
1958年　東京都生まれ
1981年　東京工業大学工学部経営工学科卒
三井物産株式会社入社
2008年　三井物産ワシントンＤＣ事務所長
2013年　日販グローバル株式会社創業、代表取締役就任、現在に至る

主要業績

ヨシハラ，スーザン他『人口から読み解く国家の興亡』（訳、ビジネス社，2013年）
「米国『日本パッシング』はなぜ起こる」(『文藝春秋』92(6), 2014年)
「移民政策成功のカギは日本語教育にあり」（『文藝春秋オピニオン2016年の論点100』，2015年）
「ベンチャー企業はイスラエルに学べ」（『文藝春秋オピニオン2017年の論点100』，2016年）
『知立国家イスラエル』（文春新書，2017年）
カンター, ミッキー「トランプの「中国叩き」に効果はあるのか」(インタビューおよび訳、『文藝春秋オピニオン2019年の論点100』, 2018年)
「イスラエル」(外交政策センター編『2020年生き残りの戦略——世界はこう動く！』創成社，2020年)

外国人材が中小企業を救う

2022年10月30日　初版第１刷発行　　＊定価はカバーに表示してあります

著　者　米　山　伸　郎©
発行者　萩　原　淳　平
印刷者　藤　森　英　夫

発行所　株式会社　晃　洋　書　房

〒615-0026　京都市右京区西院北矢掛町７番地
電話　075(312)0788番(代)
振替口座　01040-6-32280

装幀　吉野　綾　　印刷・製本　亜細亜印刷㈱

ISBN978-4-7710-3668-0